身近な法律問題
Q&A

愛知学院大学法学部同窓会 [編]

成文堂

愛知学院大学法学部同窓会主催「法律相談」事業のあゆみ

　愛知学院大学法学部同窓会では、愛知県下の自治体において、本学法学部ならびに法務研究科の教員、卒業生弁護士や税理士の協力を得て、年に1回（2回実施した年度もある）、法律相談（2013年より税務相談も）を実施してきた。昭和62年度に始まったその取組みは、平成28年度には30回を迎えた。相談は、のべ30自治体、相談件数は、631件に及ぶ（相談の内訳は資料参照）。そのあゆみの集大成として、相談の多かった問題についてわかりやすく解説することで、抱える悩みについてご自身で見通しを立てるための手助けになるものがあれば、との思いを込めて本書の刊行を企画した。本書執筆者のほとんどが、同窓会主催の「法律相談」に参加した経験を持つ若手弁護士である。難解な法律をもっと身近に感じてもらうために30回余りの法律相談の結果を分析し、相談件数が多かった問題点を厳選し、それに解説を加え、法的アドバイスを記した。執筆者として、本書を手にとって下さった方の悩みが少しでも解消に向かうことはもちろん、将来の紛争に巻き込まれないための予防策として、法的な情報を知っておいていただくことをお勧めしたい。

　法律相談が同窓会の主要事業として長きにわたって実現できたのは、地方自治体関係者、法学部同窓生をはじめ、相談員としてご参加下さった法学部、法務研究科の先生方、卒業生の弁護士、ならびに税理士の方々のご理解とご協力があったからである。また、本事業の準備には、同窓会の事務局、同役員の方々のご尽力が欠かせなかった。心よりの御礼を申し上げたい。そして、出版を取り巻く環境が厳しい中にあって本書の刊行にあたりご理解をしてくださった成文堂の阿部成一社長、いつも執筆者たちを温かく見守り、適格な助言を与えてくださった編集部の飯村晃弘様には心より深く感謝したい。

2016年10月15日

法学部同窓会会長　伊藤　桂子

資料
愛知学院大学法学部同窓会主催　法律相談件数

実施年度	1987	1988	1990	1990	1991	1992	1994	1994	1995	1996	1997
相談件数	21	20	27	17	26	8	11	21	33	11	46

1998	1999	2001	2001	2002	2003	2004	2005	2006	2008	2009	2010	2010
36	21	15	10	8	26	32	58	27	17	37	25	14

2011	2012	2013	2014	2015	2016	合計
17	12	16	10	9	12	631

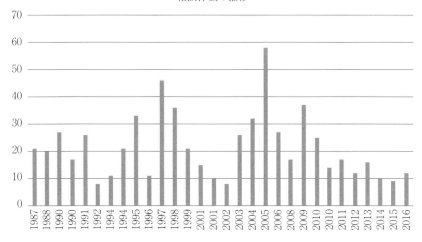

相談件数の推移

愛知学院大学法学部同窓会主催「法律相談」事業のあゆみ

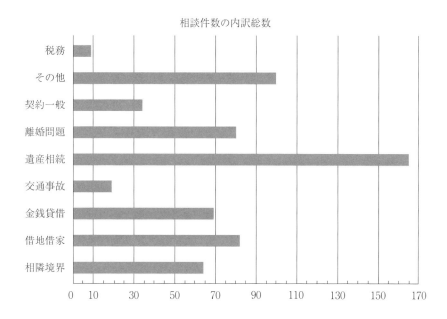

相談件数の内訳総数

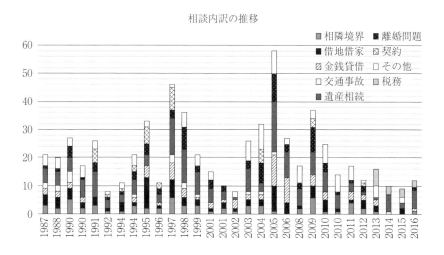

相談内訳の推移

iii

身近な法律問題Q&A　目次

愛知学院大学法学部同窓会主催「法律相談」事業のあゆみ ……………………………… i

第1章　男女問題 ……………………………………………………………………………… 2
1−1▪離婚に関する手続、離婚原因について　……………………………………………… 2
1−2▪親権、養育費（婚姻費用）について　………………………………………………… 4
1−3▪財産分与、慰謝料について　…………………………………………………………… 6
1−4▪DV被害について　……………………………………………………………………… 8
1−5▪不倫相手への慰謝料請求について　………………………………………………… 10

第2章　遺言・高齢者 …………………………………………………………………………… 12
2−1▪遺言作成の留意点　…………………………………………………………………… 12
2−2▪遺言能力　………………………………………………………………………………… 14
2−3▪遺留分の基礎知識　……………………………………………………………………… 16
2−4▪遺言執行　………………………………………………………………………………… 18
2−5▪成年後見・任意後見　…………………………………………………………………… 20

第3章　相　　続 ………………………………………………………………………………… 22
3−1▪相続の基礎知識　………………………………………………………………………… 22
3−2▪相続財産の範囲　………………………………………………………………………… 24
3−3▪特別受益　………………………………………………………………………………… 26
3−4▪寄与分 …………………………………………………………………………………… 28
3−5▪相続に関する話し合いがまとまらない場合　……………………………………… 30

第4章　交通事故 ………………………………………………………………………………… 32
4−1▪交通事故による損害の請求　…………………………………………………………… 32
4−2▪後遺障害に関する損害　………………………………………………………………… 34
4−3▪損害賠償額の減額事情　………………………………………………………………… 36
4−4▪交通事故紛争の解決方法　……………………………………………………………… 38

第5章　労働問題 ………………………………………………………………………………… 40
5−1▪残業代・有給休暇　……………………………………………………………………… 40
5−2▪パワハラ　………………………………………………………………………………… 42
5−3▪不当解雇　………………………………………………………………………………… 44
5−4▪派遣労働　………………………………………………………………………………… 46

第6章　消費者問題 ……………………………………………………………………………… 48
6−1▪特定商取引法　…………………………………………………………………………… 48
6−2▪欠陥住宅・住宅リフォーム　…………………………………………………………… 50

v

6−3 ▪ クレジット取引	……………………	52
6−4 ▪ 多重債務問題	……………………	54

第7章　賃貸借 ……………………………………… 56
7−1 ▪ 建物賃貸借の期間	……………………	56
7−2 ▪ 立退き	……………………	58
7−3 ▪ 自力撤去の可否	……………………	60
7−4 ▪ 賃料増額	……………………	62

第8章　貸金請求・過払い・債務整理 ……………… 64
8−1 ▪ 貸金請求権の発生原因等	……………………	64
8−2 ▪ 過払金請求	……………………	66
8−3 ▪ 自己破産	……………………	68
8−4 ▪ 個人再生	……………………	70

第9章　刑　　事 …………………………………… 72
9−1 ▪ 身柄拘束されたら	……………………	72
9−2 ▪ 少年事件	……………………	74
9−3 ▪ 犯罪被害者等になったら	……………………	76
9−4 ▪ 裁判員になったら	……………………	78

第10章　近隣・学校 ………………………………… 80
10−1 ▪ 境界問題	……………………	80
10−2 ▪ 通行権	……………………	82
10−3 ▪ 騒音	……………………	84
10−4 ▪ 学校トラブル	……………………	86

第11章　インターネット問題 ……………………… 88
11−1 ▪ ネット上で誹謗中傷された場合　その1	……………	88
11−2 ▪ ネット上で誹謗中傷された場合　その2	……………	90
11−3 ▪ ネット上で誹謗中傷された場合　その3	……………	91
11−4 ▪ ネット上に投稿してしまった場合	……………	92

第12章　税　　金 …………………………………… 94
12−1 ▪ 離婚で税金はかかるのか	……………………	94
12−2 ▪ 仕事と税金	……………………	96
12−3 ▪ 相続税で気をつけること	……………………	98
12−4 ▪ 贈与税で気をつけること	……………………	100

執筆者紹介 ………………………………………………… 102

身近な法律問題
Q&A

第1章
男 女 問 題

イントロダクション

　離婚などの男女間の法律問題は誰しもが遭遇しうる問題です。厚生労働省が公表する「人口動態統計（確定数）の概況」によれば、平成25年の離婚件数は23万組で、婚姻件数の66万組の3分の1を優に超えている状況にあります。

　離婚問題においては、そもそも離婚すべきかどうか、子の親権の問題、財産分与や慰謝料、養育費などのお金の問題、それらの手続きをどうするのか等、様々な問題に直面することになります。

　ここでは、それらの問題のうち、典型的なケースを取扱います。

1-1 ■ 離婚に関する手続、離婚原因について

Case 1-1

　妻とは結婚して8年になります。結婚後ほどなく妻との間で口喧嘩が絶えなくなりました。そして5年ほど前、激しい口論をした後、妻が実家に帰ってしまい、それ以来何度も歩み寄ろうともしましたが、結局は口喧嘩になってしまうので、もう限界です。妻と離婚することは可能でしょうか。

Answer

　離婚について妻の同意があればもちろん離婚することができます。問題は妻が離婚を拒んでいる場合です。今回のケースにおいて問題となっているのは口喧嘩ですが、口喧嘩程度であればどんな夫婦にも起こりうるものです。しかし、こういった理由でも、場合によっては離婚が認められます。裁判所は、夫婦間の様々な要素を勘案し、「婚姻を継続し難い重大な事由」があると判断すれば、離婚を認めます。すでに別居して5年間経過している本件の場合、口喧嘩という理由でも離婚が認められる可能性はあります。また、こ

第 1 章　男女問題

の別居期間が長くなれば離婚が認められる可能性は更に高まります。

■ 法律の基礎知識

　夫婦が互いに離婚に同意している場合、離婚届を作成して役所に届け出ることで離婚できます（協議離婚。離婚全体の約 9 割を占める。）。しかし、いずれか一方が離婚を拒んでいる場合、民法第770条第 1 項が定める法定離婚原因がなければ離婚できません。法定離婚原因の典型例は不貞行為（第 1 号）です。その他にも、長期の別居等により「婚姻を継続し難い重大な事由」（第 5 号）が存在すると認められれば離婚することができます。口喧嘩や性格の不一致は、どの夫婦にも存在するものですが、こういった理由でも、この「婚姻を継続し難い重大な事由」と認められる場合があります。

　次に、相手が離婚に応じない場合の手続きですが、いきなり離婚を求める裁判を起こすことはできず、まずは調停という手続きを踏む必要があります（調停前置主義）。調停はお互いが納得して結論を導き出す手続きですので、一方が頑として離婚に応じない場合、離婚という結論に至ることはできません。そのように調停がうまく行かなかった場合、裁判を起こして裁判所に離婚を求めることになります。

■ 対処方法

　離婚に関する他の条件も話し合いながら、お互いの納得できる形で離婚への話し合いをすることができれば、時間的にも費用的にも負担が軽くなります。一歩も引かないという姿勢では、相手方との対立が深まり、解決が遅くなることもあるでしょう。ただ、そもそも相手が離婚に応じる様子が全く見られないのであれば、調停を経た上で、裁判で争う必要があります。

参考事例

　些細な事柄から口論が絶えなくなった夫婦につき婚姻を継続し難い重大な事由を認めた事例があります（東京地方裁判所昭和59年10月17日判決）。

1-2 ■ 親権、養育費（婚姻費用）について

Case 1-2

妻の浮気が原因で離婚を考えています。離婚となれば妻に責任があります
から、子の親権は私が取れるんですよね。万一取れないとしても、妻のせい
でこうなったのだから養育費を払うことは考えられません。

Answer

親権については、妻との話し合いがつけば、夫が子の養育監護を担うこと
ができます。しかし、妻が親権を争った場合は簡単ではありません。

本件の場合、確かに離婚の原因は妻にありそうですが、離婚の原因と親権
者の決定とは異なる基準で判断されます。子の親権者として父母のいずれが
ふさわしいのかを判断する際、もっとも重視されるのは「子の利益」です。
そうである以上、妻が浮気をして離婚原因を作ったとしても、母親としては
適切に子どもの面倒を見ていたのであれば、親権者としての適格性には問題
がないと判断される可能性が十分あります。

そして、一般論としては、父親は日中仕事で家を空けており帰宅時間も遅
く、母親が子の養育に時間を割くことが多いので、母親に親権が認められる
ことが多くなります。いずれにしても、妻の浮気という事情だけから、必然
的に夫に親権が行くということにはなりません。

次に、養育費に関してですが、養育費はそもそも子の養育に必要な費用を
親が負担するものです。したがって、親権を担う母に浮気という離婚原因が
あったとしても、そのことは養育費に直接影響するわけではありません。し
たがって、このケースであっても、母が親権者となった場合、父は子に対し
養育費を支払うことになります。

■ 法律の基礎知識

① 親権者について

父母が離婚する際には、どちらが親権者となるかを定める必要があります。
父母の話合いで決めることができればいいですが、それで決まらない場合、

第1章　男女問題

最終的に裁判所が判断します。親権は、子の利益のためのものですので、裁判所は、父母のいずれを親権者にしたほうが子の利益に資するかとの観点から判断します。実際のケースでは、母親が親権者になる場合が多いようです。これは、母親と一緒にいたほうが子どもにとって生活しやすい環境だと判断される傾向にあるためだと考えられます。既に述べたとおり、離婚の原因をどちらが作ったのかということは、親権者を選ぶ直接の判断材料とはなりません。

② **養育費**について

親は、親からの養育を必要とする子（未成熟子）を扶養する義務を負います。これは、子の親であることによって生ずる義務ですので、親権者ではない親も義務を負います。離婚して親権者とならなかった親は、その後養育費の支払いを通じて、子を扶養する義務を果たしていくことになるのです。

養育費の額については、父母が話し合いで定めることができますが、折り合いがつかない場合には、裁判所での手続きを通して定められることになります。この場合、養育費の額は、父と母の双方の収入などをもとに、簡易算定表という表にしたがって定められます。

③ **婚姻費用**について

養育費と類似したものに婚姻費用があります。

夫婦は、互いに協力し扶助する義務を負っており、共同生活を維持するために必要な費用（婚姻費用）を分担しなければなりません。これは、夫婦が別居していても同じです。例えば、父と母子とが別居している場合、父は、母子に対し婚姻費用を支払う義務を負うのです。養育費と婚姻費用との違いは、養育費がもっぱら子に対する金銭的扶助であるのに対し、婚姻費用は妻（あるいは夫）に対する金銭的扶助と子に対する金銭的扶助の双方を含むということです。つまり、養育費は子どもがいない場合には全く問題となりませんが、婚姻費用は子どもの有無に関係なく問題となります。また、婚姻費用は夫婦間の義務ですから、それが問題となるのは夫婦が離婚するまでの間です。

婚姻費用の額は、子の養育費の金額に加え、妻（あるいは夫）への生活維持費も含まれているため、養育費よりも高い額となる傾向にあります。

1-3 ■ 財産分与、慰謝料について

Case 1-3

　夫と結婚して20年になります。子どもはいません。夫は真面目な性格で、結婚当初こそ私のことを考えてくれましたが、ここ10年ほどは、仕事を常に優先させ、家庭のことなどまったく気にしていない様子で、会話もほとんどありませんでした。私は、もうこのような夫と一緒に人生を歩んでいくことに意義を見出せないので離婚しようと思っています。ただ、離婚を考えた場合、その後の人生における経済面で大きな不安があります。離婚したら、夫婦の財産はどのようになるのでしょうか。慰謝料は受け取れますか。

Answer

　離婚に際しては、その夫婦が婚姻期間中に築いてきた財産を夫婦で分けることになります。これを財産分与といいます。財産分与は、結婚生活で夫婦が協力して築き上げてきた財産を公平に分配するもので、一般的には夫婦の財産を2分の1ずつ分配することになります。

　次に、慰謝料に関しては、本件において請求することは難しいかもしれません。確かにご主人は家庭に対して冷淡であったかもしれません。しかし、意図的に奥さんを無視するような精神的虐待があった、あるいは収入を家庭に一切いれず完全に奥さんの生活を放置したという事情がないのであれば、不法行為とまではいえず、慰謝料の請求が認められない可能性が高いでしょう。

■ 法律の基礎知識

　財産分与における財産の分配方法は、原則として夫婦が築き上げた財産を2分の1ずつで分けるという形です。夫婦間の収入に差があったり、所有不動産の名義がどちらか一方になっている場合であってもこの原則があてはまります。

　それは、一概に収入割合を夫婦の財産形成の寄与度としてしまうと、一方が家事で生活を支えていた場合にその貢献度を考慮することができず不公平な分配になってしまうからです（後掲裁判例参照）。また、所有財産の名義に

ついても、どちらか一方の名義にすることはよくあることであり、名義だけで単純にいずれか一方の財産としてしまうことはやはり不公平となるためです。

　財産分与の対象となる財産は、預貯金、不動産、車、家財道具など、婚姻期間中に築いた全財産です。他方、財産分与の対象とならない財産もあります。それは、それぞれの独身時代の預貯金や、結婚後にそれぞれの親族から相続した財産などです。これらは夫婦生活で築き上げた財産ではなく、各自の力、立場によって得た財産ですので、財産分与の対象にはならないのです。

　また、年金については、年金分割制度がありますので、これも離婚後の経済面を支える手段となります。

　財産分与において、問題となりやすいのは、夫婦間でお互いに把握していない預貯金がある場合です。相手に知られてない預貯金については、財産分与の段階でも隠そうとすることがあります。

　その他にも、住宅ローンが残っている不動産を所有している場合や、将来退職金支給が予定されているが実際の支給は当分先である場合などは、どのように財産分与するか問題となることがあります。

■ 対処方法

　財産分与は2分の1で行うのが基本で、裁判所もここをスタートラインとして考えます。もちろん、お互いで合意ができるのであれば、裁判所の手続を使わずに話し合いで自由に財産分与をすることもできます。その際の交渉に際しては、たとえ収入面で大きく劣る側の立場であっても、2分の1ずつの分与が基本であることを伝え、その分与を希望すると主張しましょう。それに相手が応じないようであれば、裁判所の手続きに進むことも検討しなければなりません。

参考事例

　妻は、夫との婚姻期間中に仕事に就いたことはないが、専業主婦として家事や育児に従事し、財産形成に寄与してきたことが認められるとして、財産分与割合は2分の1とするのが相当であるとした事例があります（広島高等裁判所平成19年4月17日判決）。

1-4 ■ DV被害について

Case 1-4

　結婚して5年になりますが、結婚直後から、夫が酒に酔って日常的に暴力を振るうようになりました。夫は普段酒に酔っていないときは人一倍優しいので、なんとか耐えてきましたが、先日いつにも増して夫が暴れたため、大怪我をしてしまいました。もう限界だと思っています。どうしたらいいでしょうか。

Answer

　上記のようなDVは「婚姻を継続し難い重大な事由」として法定離婚原因に該当し、離婚の原因として認められる可能性が高いと思われます。

　ただ、この相談者のように日々深刻な暴力が繰り返されているのであれば、まずは離婚をどうするのかを考える以前に、早急に自らの身を守る対策を取ることが重要です

　相談先としては、各自治体の女性相談センター、男女平等参画推進センター、警察署といったものがあります。DVは時間が経過しても自然に治まることはないといわれていますので、「この状態は今だけで、そのうち状況が変わって良くなるのでは」と期待することなく、一刻も早く相談に行くべきでしょう。

■ 法律の基礎知識

　配偶者による暴力は、かつては家庭内トラブルであるとして、行政の積極的な介入がなされにくい傾向にありました。しかし、最近ではDV（ドメスティック・バイオレンス）という言葉が一般にも定着し、行政の介入も積極的に行われるようになりつつあります。

　2001年には、配偶者からの暴力の防止及び被害者の保護に関する法律（いわゆるDV法）が作られ、DV問題に対する法的な制度も充実しました。さらに2014年の法改正により、結婚していない交際段階の相手からの暴力（いわゆるデートDV）についても保護対象に含まれるようになりました。

第1章　男女問題

　裁判所を利用する手段としては、保護命令という手段があります。これは、裁判所からDV加害者に対し、退去命令、接近禁止命令を発することにより、被害者が一時的に自宅に戻ることを可能にしたり、転居先で安心して生活できるようにする制度です。

■ 対処方法

　DVの問題の場合、暴力を受けた側はなかなか相談する相手が見つけられない中で、そのうち改善するのではと淡い期待の中、様子をみているケースが見受けられます。しかし、自然に問題が解決することは稀です。次第に暴力がエスカレートするケースもありますし、手遅れとなる前に、先に挙げた専門相談機関に一度相談するのが望ましいでしょう。

　また、法的観点からは、仮にDVを理由として離婚を考える場合、夫がDVの事実を認めない可能性もありますので、ケガをした際の診断書や、ケガを写した写真、壊された家財道具の写真、暴言の録音テープといった証拠を残しておくことが考えられます。しかし、暴力がひどい状態であれば証拠のことよりも、身の安全の確保を優先すべきです。

　DV被害者がDVを回避するために身を寄せる場所として一時保護施設という施設もあります。これらの利用方法についても前記相談機関に相談できます。

参考事例

　内閣府男女共同参画局「配偶者からの暴力被害者支援情報」

　http://www.gender.go.jp/policy/no_violence/e-vaw/index.html

1-5 ■ 不倫相手への慰謝料請求について

Case 1-5

先日、夫が仕事場の部下と不倫をしていたことが発覚しました。本当はすぐにでも離婚をしたいのですが、不倫のことを知らない二人の子どもの気持ちを考えると、簡単に離婚するわけにもいかないと思い踏みとどまっています。ただ、不倫自体は許せないので、夫の不倫相手である部下に慰謝料請求をしたいと思います。請求できますか。金額はいくらぐらいになるのでしょうか。

Answer

基本的に不倫相手の女性に請求できる可能性が高い事案です。ただ、例外的に請求が認められない場合もあります。例えば、ご主人が「自分はもう妻とは離婚手続中で、長いこと別居中なんだ」と嘘をついていて不倫相手の女性もこれを信じていた場合、あるいは、夫婦関係が破綻しており事実上離婚状態にあった場合などです。

本件において、ご主人が不倫相手の女性を騙していた、あるいは、不貞行為が行われた段階で夫婦関係が破綻していた、といった事情があるのであればともかく、そういった事情がないのであれば、不倫相手の女性に対し慰謝料請求をすることが考えられます。

慰謝料請求の金額については、機械的に算出されるものではなく、様々な要素を考慮したうえで決められます。主な要素としては、不貞行為の態様、程度（どちらが不倫を持ちかけたのか、不倫相手との間に子がいるかどうか等）、期間、当事者の年齢、経済状態など関係するあらゆる事情が考慮対象となります。

本件では、離婚にこそ至っていないものの、不貞行為によってもはや夫婦仲が冷め切ってしまい、子どものためだけに仕方なく夫婦関係を続ける状態になってしまったという事情があれば、不倫相手の責任はその分だけ重く評価されるでしょう。

慰謝料の金額としてはケースバイケースですが、100万円〜300万円の範

第 1 章　男女問題

囲で認められることが多いようです。

■ 法律の基礎知識

　夫婦には貞操義務があります。配偶者以外の者と不貞行為を行った配偶者
はこの貞操義務に反したことになります。そして、この不貞行為は不法行為
に該当し、それによって生じた精神的損害を慰謝する損害賠償責任が発生し
ます。この責任は、不貞行為を行った一方配偶者とその不貞行為相手の双方
が負うものです。

　本件のように、夫婦が離婚に至らずその後も夫婦関係を継続していく場合、
配偶者間での損害賠償請求（妻の夫に対する損害賠償請求）をすることなく、
不貞行為相手のみに損害賠償請求をすることも考えられます。その際、認め
られる金額は、先に述べた通り、様々な要素から判断されますが、例えば今
回のケースで夫が強く部下に迫って不貞行為に至ったという事情があった場
合、不貞行為相手にだけ高額な賠償請求をするというのは難しい場合があり
ます（後掲裁判例参照）。

■ 対処方法

　不倫相手の女性に対し慰謝料を請求する方法としては、示談交渉、調停、
訴訟などの方法があります。裁判という手段は時間や手間がかかるため、不
貞行為の相手が不貞行為を認めており慰謝料の支払いに応じる姿勢である場
合は、まずは裁判外での示談交渉で解決を図るのが一般的です。

参考事例

　不貞行為の主たる責任は配偶者にあり、不貞行為の相手方の責任は副次的
なものにとどまると判示した事例があります（東京地方裁判所平成21年6月
4日判決）。

11

第2章
遺言・高齢者

イントロダクション

　遺言書を、遺族のために準備したいと考えている方も多いと思います。今日は、そのような方のために、遺言書のイロハについて説明したいと思います。

2-1 ■ 遺言作成の留意点

Case 2-1

　私は来年で85歳になり、もう先が長くないと言われています。私の妻は5年前に既に亡くなっており、3人の息子がおりますが、長男に自宅を継がせたいと思っています。また、私は前妻との間にも一人子供がいます。もう何十年も会っていませんが、その子供にも私の遺産を相続する権利があると聞きました。私の死後相続でもめないように、生前に何かできる事はありませんか。

Answer

　このケースでは、何らの対策無くあなたが亡くなり相続が開始すると、法定相続に従って遺産分割をしなければなりません。すなわち、3人の息子さんと前妻との間の子供全員で、遺産分割協議書を作成しなければならず、大変困難な手続きになることが予想されます。そこで、生前に遺言書を作成することをお勧めします。遺言書を作成しておけば、このような面倒な手続きを経ることなく、あなたの死後、原則として遺言書の内容どおり長男に遺産を承継させることができます。もっとも、遺言については民法で定められているルールに従って作成しなければならないなど、注意点があります。また、一定の場合遺留分という権利が相続人には保障されており、あなたの遺志を100％実現できないこともあります。これらの注意点につき、以下説明します。

なお、遺留分については、本書2-3の項で説明しますので、該当ページを参照ください。

■ 法律の基礎知識

　代表的な遺言として、自筆証書遺言と公正証書遺言の2種類があります。まず、自筆証書遺言についてご説明します。自筆証書遺言の形式上の注意点は、①全文を自書すること、②日付を自書すること、③氏名を自書すること、④印を押すこと、⑤加除訂正の方式が決まっていること、以上の5点です。これらの方式に違反すると遺言書が無効となってしまうこともありますので注意が必要です。

　次に自筆証書遺言の内容面の注意点についてご説明します。せっかく形式的に何ら問題が無くても、肝心のどの遺産を誰にどれだけ相続させるかということが、明確に記載されていなければ、遺言を執行することができませんし、もめ事の原因にもなってしまいます。このように遺言書は可能な限り特定して内容を記載する必要があります。

　以上のように自筆証書遺言は守るべきルールが多くありますが、公正証書遺言は公証役場で公証人という専門家が関わり作成しますので、形式面で無効になる心配はまずありません。また遺言書の原本が公証人役場に保管されますので、紛失や隠匿、内容の改ざんの心配もありません。費用と手間はかかってしまいますが、遺言書を作成するのであれば、公正証書遺言にすることをお勧めします。

参考事例

　遺言内容の記載された書面には遺言者の署名押印を欠き、検認時に既に開封されていた封筒には遺言者の署名押印がある場合の遺言が、自筆証書遺言として無効とされた事例があります（平成18年10月25日東京高裁平18（ネ）1825号）。

2-2 ■ 遺言能力

Case 2-2

　父が先日亡くなりました。父は自筆の遺言書を生前作成していたようで、その内容は「全財産を長男に相続させる」というものでした。生前父は二男である私に対して常々、「不動産は長男に、預貯金は二男に相続させる」と話しており、父がそれに反する遺言を遺すはずがありません。ところで、父が遺言を作成したころは、既に父は介護施設に入所しており、認知症の診断を受けていました。こうした状態で作成された遺言でも有効なのでしょうか。

Answer

　認知症の人であっても、認知症と言うことだけで遺言能力がないとされ、遺言が無効になるわけではありません。遺言作成時の遺言能力の有無を認知症である本人の状況も鑑みて検討しなければなりません。

■ 法律の基礎知識

　遺言者が有効な遺言をするには、遺言の際に、「意思能力、すなわち遺言内容及びその法律効果を理解判断するのに必要な能力を備えること」（岩木宰「遺言能力―裁判例の傾向」判タ1100号466頁）が必要とされています。これが遺言能力と言われるものです。

　遺言能力の有無について裁判例はこのように判示しています。「遺言には、遺言者が遺言事項（遺言の内容）を具体的に決定し、その法律効果を弁識するのに必要な判断能力（意思能力）すなわち遺言能力が必要である。遺言能力の有無は、遺言の内容、遺言者の年齢、病状を含む心身の状況及び健康状態とその推移、発病時と遺言時との時間的関係、遺言時と死亡時との時間的間隔、遺言時とその前後の言動及び精神状態、日頃の遺言についての意向、遺言者と受遺者との関係、前の遺言の有無、前の遺言を変更する動機・事情の有無等遺言者の状況を総合的に見て、遺言の時点で遺言事項（遺言の内容）を判断する能力があったか否かによって判定すべきである」（東京地判平成16年7月7日判タ1185号291頁）。

14

第2章　遺言・高齢者

「病状を含む心身の状況及び健康状態とその推移」も考慮して判断するものとされているとおり、遺言書作成当時に認知症に罹患していたとしても直ちに遺言能力が否定されるわけではありません。では、認知症の程度はどのように判定を行うのでしょうか。多く用いられているのが、改訂長谷川式簡易知能評価スケール（HDS-R）です。簡単な問題に対する解答をしてもらい、評価する方式で、点数によって認知能力の程度を判定します。同スケールの結果を重視し、遺言能力の有無を判示した裁判例は多くあります。

　主治医の意見も、遺言作成者の認知症の程度を把握するために重視されています。遺言を有効とした裁判例の中には、作成当日、医師が遺言作成者と会話し、正しい判断能力を有すると判断したことを根拠とするものもあります。

　なお、公正証書遺言でも無効となった裁判例はありますので、注意が必要です。公正証書遺言は、作成の際、遺言者による口授が必要とされますが、実際の遺言書作成の場面で口授がどのように行われたかが判断要素となります。

参考事例

（公正証書遺言を無効と判断）

　Xに対して包括遺贈する旨の公正証書遺言をした後、その遺言を取り消す旨の公正証書遺言（本件遺言）をした被相続人Aの養子であったXが、A（当時九四歳）は本件遺言の当時、認知症により意思無能力であったとして、Aの法定相続人であるYらに対し、本件遺言の無効の確認を求めた事案があります（平成18年10月25日東京高裁平18（ネ）1825号）。

2-3 ■ 遺留分の基礎知識

Case 2-3

　父が先日亡くなりました。相続人は私と兄の2人で、父は自宅の他に多数の不動産と預貯金を遺して亡くなりましたので、遺産分割協議をしなければならないと思っていました。兄からは何も遺産分割の話がなかったので、不動産の名義を調査したところ、すでにすべての不動産が相続により兄の名義となっていました。兄を問い詰めたところ、父は兄に対して、自筆の遺言書を生前作成していたことが分かりました。遺言書の内容は「全財産を長男に相続させる」というものでした。

　このような遺言書がある限り、私は何も相続できないのでしょうか。

Answer

　遺留分という権利があります。遺留分とは、被相続人の兄弟や姉妹以外の相続人に対して最低限の遺産相続分を保障する相続割合のことを言います。被相続人の遺言などにより相続人の相続財産が全く残らないことを避けるために設けられた権利（民法1028条）です。今回の場合も、遺留分を請求することができます。

■ 法律の基礎知識

　遺留分は、法定相続人に認められた最低限度の取り分ですから、当然、法定相続分よりも少ない割合ということになります。この遺留分は、民法上、以下の割合と定められています。

・直系尊属のみが法定相続人である場合には、相続財産の3分の1

・上記以外の場合には、相続財産の2分の1

　ここでいう相続財産の3分の1とか2分の1というのは、共同相続人全員が遺産に対して有する総体的遺留分割合です。個々の共同相続人1人1人に対して与えられる割合ではありません。

　たとえば、Aが亡くなり、法定相続人として、配偶者Bと子CDがいたという場合、法定相続分はBが2分の1・CDがそれぞれ4分の1ずつとなり、

第 2 章 遺言・高齢者

直系尊属のみが法定相続人である場合以外の場合に当たりますから、Bの具体的遺留分は、2分の1×2分の1＝4分の1となり、CDは4分の1×2分の1＝8分の1ずつということになります。ただし、実際に遺留分減殺請求をする場合には、ご自身が相続した財産の額や受けた遺贈や特別受益なども考慮に入れて具体的な請求額（遺留分侵害額）を計算しなければなりません。なお、法定相続人であっても、「兄弟姉妹」には遺留分は認められていません。遺留分が認められる法定相続人とは、「子」「直系尊属」「配偶者」だけであるということには注意が必要です。

遺留分減殺請求は、遺留分を侵害している他の相続人や受遺者に対してすることになります。この遺留分減殺請求については、特別な方法や手続というものはありません。したがって、貸金や売掛金などの一般的な債権の回収の場合と同じように請求を行うことができますが、遺留分を支払わない場合は、裁判所に調停や訴訟を提起することになります。

参考事例

　被相続人が相続開始の時に債務を有していた場合の遺留分の額は、民法1029条、1030条、1044条に従って、被相続人が相続開始の時に有していた財産全体の価額にその贈与した財産の価額を加え、その中から債務の全額を控除して遺留分算定の基礎となる財産額を確定し、それに同法1028条所定の遺留分の割合を乗じ、複数の遺留分権利者がいる場合は更に遺留分権利者それぞれの法定相続持分の割合を乗じ、遺留分権利者がいわゆる特別受益財産を得ているときはその価額を控除して算定すべきものであり、遺留分の侵害額は、このようにして算定した遺留分の額から、遺留分権利者が相続によって得た財産がある場合はその額を控除し、同人が負担すべき相続債務がある場合はその額を加算して算定するものである（最判8年11月26日判決民集50巻10号2747頁）。

2-4 ■ 遺言執行

Case 2-4

父が先日亡くなりました。父は自筆の遺言書を遺していたので、先日家庭裁判所にて検認を受けました。遺言書の内容は、父が所有する不動産を私に遺贈するというものでした。しかし、他の相続人らから協力が得られず、所有権移転登記を受けることができていません。遺言執行者の記載が遺言書にはなく、執行者がおりません。

このような場合、どうすれば、遺言書の内容を実現できるのでしょうか。

Answer

本来、遺言者は自ら遺言執行者を指定したり、その指定を第三者に委託することができますが、遺言執行者の指定がない場合、家庭裁判所が利害関係人の請求によって遺言執行者を選任できます。そこで、遺言執行者の選任を家庭裁判所に申し立てましょう。

■ 法律の基礎知識

遺言執行者とは、簡単に言うと遺言の内容を実現するために必要な手続きをする人のことを言います。実際には、相続財産目録を作成したり、各金融機関での預金解約手続、法務局での不動産名義変更手続きなど、遺言の内容を実現するために必要な一切の行為をする権限を持ちます。

このように、相続人の代表者として遺言内容を執行していく人のことをいいますが、特に遺言執行者が必要となるケースとしては第三者に相続不動産を遺贈する場合（遺贈登記）です。この遺贈登記をするためには、相続人全員が登記義務者となり名義変更手続きをしなければなりませんが、遺言執行者が選任されていれば、この遺言執行者だけが義務者となることで足りるため、遺贈の際に多く利用されています。

①遺言書内で遺言執行者が指定されていない場合、②指定された遺言執行者がすでに亡くなっている場合、③指定された遺言執行者が辞退した場合などは家庭裁判所で遺言執行者の選任手続きが必要です。

第2章　遺言・高齢者

　遺言執行者は、「相続財産の管理その他遺言の執行に必要な一切の行為をする権限を有する」とされています（民法1012条）。具体的には、相続財産の存否を調査した上、必要に応じて管理者から相続財産の引き渡しを受け、訴訟提起も含め遺言執行の妨害を排除することができます。相続人は、相続財産を勝手に処分したり、執行を妨げる行為をすることはできなくなり、これは、遺言執行者が就任する前も含みます。遺言執行者が指定されているにもかかわらず、相続人が相続財産を処分した場合、その処分行為は絶対的に無効となります。

　遺言執行者は、善管注意義務、報告義務、任務の開始義務、受取物引き渡しの義務、財産目録の作成、交付義務、補償義務などの法的な義務を負います。

　遺言執行者に指定された人は、やむを得ない事由がなければ、第三者に任務を行わせることはできませんし、第三者に任務を行わせることができる場合も、遺言執行者は相続人に対してその選任と監督について責任を負うことになります。

　遺言執行者の任務の完了の他、執行不能、執行者の死亡、辞任、解任欠格事由の発生などによって、遺言執行者はその地位を喪失します。

参考事例

　甲への所有権移転登記がされる前に、他の相続人が当該不動産につき自己名義の所有権移転登記を経由したため、遺言の実現が妨害される状態が出現したような場合には、遺言執行者は、遺言執行の一環として、右の妨害を排除するため、右所有権移転登記の抹消登記手続を求めることができ、さらには、甲への真正な登記名義の回復を原因とする所有権移転登記手続を求めることもできると解するのが相当である（最判平成11年12月16日判決民集53巻9号1989頁）。

2-5 ■ 成年後見・任意後見

Case 2-5

　父の認知障害や記憶障害が進行しています。父は多額の預貯金等の資産を有しており、その管理や介護などが心配です。「成年後見制度」があると聞いたことがありますが、どのような制度でしょうか。

Answer

　成年後見制度は、大きく分けると、法定後見制度と任意後見制度の2つがあります。また、法定後見制度は、「後見」「保佐」「補助」の3つに分かれており、判断能力の程度など本人の事情に応じて制度を選べるようになっています。

　法定後見制度においては、家庭裁判所によって選ばれた成年後見人等（成年後見人・保佐人・補助人）が、本人の利益を考えながら、本人を代理して契約などの法律行為をしたり、本人が自分で法律行為をするときに同意を与えたり、本人が同意を得ないでした不利益な法律行為を後から取り消したりすることによって、本人を保護・支援します。

　任意後見制度は、本人が十分な判断能力があるうちに、将来、判断能力が不十分な状態になった場合に備えて、あらかじめ自らが選んだ代理人（任意後見人）に、自分の生活、療養看護や財産管理に関する事務について代理権を与える契約（任意後見契約）を公証人の作成する公正証書で結んでおくというものです。そうすることで、本人の判断能力が低下した後に、任意後見人が、任意後見契約で決めた事務について、家庭裁判所が選任する「任意後見監督人」の監督のもと本人を代理して契約などをすることによって、本人の意思にしたがった適切な保護・支援をすることが可能になります。

■ 法律の基礎知識

　家庭裁判所は、被後見人の生活や財産の状況、後見人候補者と被後見人との関係、後見人候補者の状況などさまざまな事情を考慮した上、被後見人のために誠実かつ責任を持ってその職務を果たすことができる方を後見人に選

第2章　遺言・高齢者

任します。被後見人の財産が高額である、財産の状況が複雑である、親族の間で療養看護や財産管理の方針が食い違っているなどの場合には、弁護士、司法書士、社会福祉士等の専門家を後見人に選任することもあります。

　成年後見人の仕事は大きく分けて「財産管理」と「身上監護」になります。財産管理については、被後見人に代わって財産の管理を行います。財産を維持することだけでなく処分することも含まれており、その内容は日常生活の金銭管理から重要財産の処分まで多岐にわたります。身上監護については、被後見人の生活や健康に配慮し、安心した生活がおくれるように契約などを行います。身上監護といっても法律行為によるものであり、被後見人に対し後見人が直接介護や看護などをすることは含まれていません。

　任意後見人は、本人のために、重要な法律行為を代理することを通じて、本人の権利を守ります。また、それらの任意後見人の活動を任意後見監督人に報告する義務があります。

　任意後見人は、「法定成年後見人」とその権限や責任が非常に似ているのですが、任意後見人には、法律行為の「取消権」がないことが大きな特徴です。従って、本人が何らかの契約トラブル等に巻き込まれたときには威力を十分に発揮することができません。むしろ、トラブルを未然に防ぐ為に任意後見制度があります。

参考事例

　身上配慮義務は、成年後見人の権限等に照らすと、成年後見人が契約等の法律行為を行う際に成年被後見人の身上について配慮すべきことを求めるものであって、成年後見人に対し事実行為として成年被後見人の現実の介護を行うことや成年被後見人の行動を監督することを求めるものと解することはできない（最判平成28年3月1日判決民集第70巻3号681頁）。

21

第3章

相　　　続

イントロダクション

　人が亡くなった時に、相続が開始します。相続というのは、ある人が亡くなったときにその人（被相続人）の財産に属する一切の権利義務を、その人と一定の身分関係にある人（相続人）が受け継ぐことをいいます。

　相続では、だれが死亡した人の権利や義務を相続するのか、各相続人がどのような割合で相続するのか、どのような財産が相続の対象となるのかということが問題となります。また、相続財産をめぐって相続人間で争いが生じる場合もあります。

　相続は誰に対してもいつか必ず発生する、避けては通れない問題なのです。

3-1 ■ 相続の基礎知識

Case 3-1

　先日、私の父親が亡くなりました。父親は生前に事業を営み、成功しており、土地や預金など多くの財産があります。現在、亡き父の財産を誰が相続するのかもめています。相続とはどのようなものなのでしょうか。

Answer

　相続というのは、ある人が亡くなったときにその人（被相続人）の財産に属する一切の権利義務を、その人と一定の身分関係にある人（相続人）が受け継ぐことをいいます。

■ 法律の基礎知識

　相続は、人の死亡によって開始します（民法882条）。被相続人が生きている間に相続が発生することはありません。なお、死亡には、法律上死亡した

第3章　相続

とみなされる失踪宣告や認定死亡も含みます（民法31条）。

　人が死亡して相続が開始すると、相続人は死亡した人の権利や義務を全て引き継ぎます。相続財産には、土地や建物のような不動産、宝石や自動車などのような動産、預貯金のような債権などのプラスの財産だけではなく、借金のようなマイナスの財産も含まれます。なお、扶養請求権や親権などの一身専属権は相続財産には含まれません。

　相続が開始したときに、まず問題となるのが、誰が相続人となるか、その相続分はどうなるかです。遺言があれば、基本的に遺言の内容が法律に優先することになります。遺言がない場合には、誰がどれくらいの相続分を持つかは法律で定められています。これを法定相続分といいます。

■ 遺言がない場合の相続人と相続分について

　被相続人の配偶者は常に相続人となります（民法890条）。そして、この配偶者を別として、第1順位から第3順位までの相続人が法律で決められています（民法887条1項、889条1項）。第1順位の相続人は被相続人の子、第2順位の相続人は被相続人の親、第3順位の相続人は被相続人の兄弟姉妹です。普通、親族の身分関係は分かっているように思いますが、亡くなった後で、音信不通となっていた兄弟姉妹が現れたり、わが子と認めていた愛人の子が現れることなどもあります。戸籍を調べて初めて誰が相続人かが分かる場合も少なくありません。まず、戸籍を調べて、誰が相続人かを確定させることが必要です。

　そして、相続が開始し、相続人、相続財産が決まり、相続人が複数いる場合には、相続財産を相続人間で分ける必要があります。これを遺産分割といいます。相続人間で遺産分割について話し合いができないときは、家庭裁判所の調停・審判手続で分け方を決めるほかありません。詳しくは、（3-5）で説明します。

23

3-2 ■ 相続財産の範囲

▌Case 3-2

　先日、亡くなった父親は、私を受取人とする1000万円の生命保険を契約していました。兄は、生命保険金も相続財産だから相続分どおりに分けるべきだと主張しています。私は父親と同居して、長い間、父親の療養看護に努めてきたのに対し、兄は全く協力してくれませんでした。兄の言うとおり相続分どおりに分けなければいけないのでしょうか。

Answer

　受取人が相続人のうち特定の人に指定されている場合の生命保険金は、相続財産にはあたらないので、受取人であるあなたは、固有の財産として生命保険金を受け取ることができます。

　もっとも、生命保険金の金額、遺産総額に占める割合、同居の有無、被相続人の介護等に対する貢献の度合いなどによっては、例外的に特別受益に準じて持戻しの対象となる場合があり、その場合にはあなたの相続分が減ることになりますので注意が必要です。

■ 法律の基礎知識

　保険契約者と被保険者が被相続人で受取人が相続人のうち特定の人に指定されている生命保険契約の場合、受取人が取得する生命保険金は、受取人が被相続人の死亡時に保険契約に基づいて、自己の固有の権利として取得するものであり、被相続人の財産として相続により取得するものではないとされています。

　このように、生命保険金は被相続人の相続財産ではないので、遺産分割の対象にはなりません。

　しかし、これでは生命保険金を取得した相続人と他の相続人との間に不公平感があることは否定できません。

　そこで判例は、「保険金受取人である相続人とその他の共同相続人との間に生ずる不公平が民法903条の趣旨に照らし到底是認することができないは

どに著しいものであると評価すべき特段の事情が存する場合」には、生命保険金も特別受益に準じて持戻しの対象となるとしています（最決平成16年10月29日）。

そして「特段の事情の有無については、保険金の額、この額の遺産の総額に対する比率のほか、同居の有無、被相続人の介護等に対する貢献の度合いなどの保険金受取人である相続人及び他の共同相続人と被相続人との関係、各相続人の生活実態等の諸般の事情を総合考慮して判断すべき」としています。

■ 生命保険金が持戻しの対象となることを肯定した事例・否定した事例

［肯定した事例］

上記最高裁の決定以降、持戻しの対象となることを肯定した事例として以下のものがあります。

・遺産の総額が約１億円であるのに対し、受取人が取得する保険金額が約１億円にもなり、受取人は被相続人と同居もしていないという事案について、生命保険金を特別受益に準じて持戻しの対象となるとした事例（東京高決平成17年10月27日）。

・受取人が取得する保険金額が約5200万円であり、相続開始時の遺産価額の61％を占めること、被相続人との婚姻期間が３年５か月程度であるという事案について、生命保険金を特別受益に準じて持戻しの対象となるとした事例（名古屋高決平成18年３月27日）。

［否定した事例］

これに対し、持戻しの対象となることを否定した事例として以下のものがあります。

・遺産の総額が約7000万円であるのに対し、受取人が取得する保険金額が約430万円で相続財産合計額の６％あまりにすぎないこと、受取人は被相続人と長年生活を共にし、入通院時の世話をしていたという事案について、生命保険金を持戻しの対象とすべきであるとはいえないとした事例（大阪家堺支審平成18年３月22日）。

3-3 ■ 特別受益

■ Case 3-3

先日、亡くなった父親は、生前、兄に住宅購入資金として1500万円を贈与していました。私は、父親から何ももらっていません。兄は、父親が遺した財産を相続分どおりに分けるべきだと主張していますが、何ももらっていない私としては納得できません。遺産を分けるにあたって、生前，父親から兄へ贈与があったことは考慮されないのでしょうか。

Answer

兄への住宅購入資金としての1500万円は、特別受益にあたると考えられます。その結果、相続分が修正され、原則として特別受益の分だけお兄さまの相続分は減ることになります。ただし、父親が特別受益の持戻しはしなくてもよい旨の意思表示をしていた場合には、被相続人である父親の意思を尊重し、他の相続人の遺留分を害さない限り、兄の相続分は減らされません。なお、具体的な計算方法については、後記の項目を参照してください。

■ 法律の基礎知識

特別受益制度とは、生前贈与や遺贈（特別受益）を受けた相続人（特別受益者）がいる場合に、相続人間の公平のために、相続分を算定する際にこれを考慮する制度です。

民法は、共同相続人の中に、被相続人から、遺贈を受け、又は婚姻若しくは養子縁組のため若しくは生計の資本として贈与を受けた者があるときは、被相続人が相続開始の時において有した財産の価額にその贈与を加えたものを相続財産とみなし、相続分の中からその遺贈又は贈与の価額を控除した残額をもってその者の相続分とすると定めています（民法903条1項）。

また、被相続人が持戻し免除の意思を表示したときは遺留分に関する規定に反しない限り、その意思に従うこととしています（同条3項）。

第3章　相続

■ 特別受益の内容

　遺贈については、被相続人が反対の意思を表示しない限り、原則として特別受益にあたります。

　生前贈与については、被相続人から婚姻や養子縁組のため、もしくは生計の資本として贈与を受けた場合に限られ、単に小遣いをもらうとか、通常の生活費をもらう程度では特別受益にあたるとはいえません。

■ 特別受益者がいる場合の計算方法

【事例】父親Aが死亡して、相続人として子B及びCがいる。Aの遺産は2500万円で、Aは生前Bに1500万円を贈与していた。この場合、B及びCの具体的相続分はいくらになるか。

　特別受益者がいる場合の相続分は、次のように計算します。

　まず、相続開始時の財産に特別受益分を加えます。これをみなし相続財産として、法定相続分（遺言による指定相続分があればそれによります）に従って各自の相続分を算出します。さらに特別受益者については、ここから特別受益分を差し引いたものを相続分とします。

　上記の事例に適用すると、遺産2500万円に特別受益1500万円を加えた4000万円がみなし相続財産となり、これを法定相続分で分けた上でBから特別受益分を差し引くと、B及びCの具体的相続分は次のようになります。

　B：4000万円×2分の1－1500万円＝500万円

　C：4000万円×2分の1＝2000万円

　なお、計算の結果、特別受益者の相続分がマイナスになった場合には、特別受益者の相続分はないことになります。この場合に、もらいすぎの分を返す必要はありません（他の相続人の遺留分を侵害している場合は、遺留分減殺請求の対象となることに注意が必要です）。

　また、被相続人に持戻し免除の意思が認められる場合には、相続開始時の財産に特別受益分を加えないことになります（他の相続人の遺留分を侵害している場合は、遺留分減殺請求の対象となることに注意が必要です）。

27

3-4 ■ 寄与分

Case 3-4

　先日、亡くなった父親は、晩年、痴呆症状が出て日常生活が困難となってしまったため、私は仕事を辞めて、長い間、父親の療養看護に努めてきたのに対し、兄は全く協力してくれませんでした。兄は、父親が遺した財産を相続分どおりに分けるべきだと主張していますが、納得できません。遺産を分けるにあたって、私が父親の療養看護に努めたことは考慮されないのでしょうか。

Answer

　父親の療養看護をするなどして、父親の財産形成に特別の貢献をした相続人については、その貢献の程度に応じて相続分が増加することになります。これを寄与分といいます。もっとも、寄与分が認められるためには、「特別の寄与」でなければならず、親子間の通常の助け合いは対象になりません。

　父親に痴呆症状が出て以降、あなたが行ってきた療養看護については、親子間の扶養義務を超える「特別の寄与」があるとして、寄与分が認められる可能性があると考えられます。なお、具体的な計算方法については、後記の項目を参照してください。

■ 法律の基礎知識

　寄与分制度とは、相続財産の維持又は増加に寄与した共同相続人について、法定相続分に寄与に相当する額を加えた財産の取得を認めて、共同相続人間の衡平を図ろうとする制度です。

　民法は、被相続人の事業に関する労務の提供又は財産上の給付、被相続人の療養看護その他の方法により被相続人の財産の維持又は増加について特別の寄与をした者があるときは、共同相続人の協議で寄与をした相続人の寄与分を定め、それを遺産から控除し、遺産分割にあたり、法定相続分を超える財産を取得することができると定めています（民法904条の2第1項）。

　また、共同相続人の協議が調わないとき又は協議をすることができないときは、家庭裁判所は、寄与した者の請求により、寄与分を定めることとして

います（同条第2項）。

■ 寄与分の注意点

　寄与分が認められるためには、寄与行為が、特別の寄与である必要があります。特別の寄与とは、被相続人との身分関係において通常期待される程度を超える貢献である必要があります。夫婦間には同居、協力及び扶助の義務があり（民法752条）、親子や兄弟姉妹間には扶助義務（民法877条）などがあるので、寄与行為がその範囲内のものであれば、特別の寄与とは認められません。

　また、特別の寄与が認められたとしても、被相続人の財産の維持又は増加がなければ寄与分は認められません。財産の維持とは、例えば、相続人である子が、被相続人である父親の療養看護に努めた結果、介護ヘルパーの費用の支出を免れた場合を含みます。

　民法は、寄与分を請求できる者を共同相続人に限定しています（民法904条の2第1項）。しかし、相続人でない者が、特別の寄与をした場合、その寄与が相続人の寄与と同視できる時は、相続人の寄与として考慮される場合があります。

■ 寄与分権利者がいる場合の計算方法

【事例】父親Aが死亡して、相続人として子B及びCがいる。Aの遺産は2500万円で、Cの寄与分が300万円と評価されたとする。この場合、B及びCの具体的相続分はいくらになるか。

　寄与分権利者がいる場合の計算方法は次のようになります。

　まず、遺産から寄与分の額を除き、残りを法定相続分で分けた上で、寄与分権利者に寄与分を加算します。

　事例に適用すると、遺産2500万円から寄与分300万円を除いた2200万円がみなし相続財産となり、これを法定相続分で分けた上でCに寄与分を加算すると、B及びCの具体的相続分は次のようになります。

　B：2200万円×2分の1＝1100万円

　C：2200万円×2分の1＋300万円＝1400万円

29

3-5 ■ 相続に関する話し合いがまとまらない場合

Case 3-5

　父親が亡くなった後、父親が遺した財産について、相続人である私と兄の二人の間で、何をどのように分けるかについて話し合いを続けてきましたが、お互いに言い分があることから、なかなか話し合いがまとまりません。このように遺産を分けるにあたっての話し合いがまとまらないときは、どうすればいいのでしょうか。

Answer

　相続人の間で、遺産を分けるにあたっての話し合いがまとまらないときは、まずは弁護士等の専門家に相談して法的なアドバイスをもらいながら、話し合いを続けていくという方法が考えられます。このような場合に専門家が間に入ることで、お互いが冷静になり、話し合いがまとまるというケースはよくあるようです。

　それでも、話し合いがまとまらないときは、公平な第三者機関である裁判所を利用する方法があります。具体的には、まず、家庭裁判所の遺産分割調停を利用するという方法があります。

　調停は、調停委員会の立ち会いのもと、話し合いによって解決を図るものであり、相続人が合意すれば解決ということになります。

　遺産分割調停が不成立となったときは、審判の手続きに移行します。

　審判は、調停と異なり、裁判官が決定することによって解決を図るものであり、相続人の合意がなくても決まります。

　もし審判に不服があるときは、不服申立てをすることができます。

■ 法律の基礎知識

　遺産の分割について、共同相続人間に協議が調わないとき、又は協議をすることができないときは、各共同相続人は、その分割を家庭裁判所に請求することができます（民法907条2項）。

　遺産分割は、家事事件手続法においては別表第2に掲げる事項として、遺

産の分割に関する審判（家事事件手続法39条、別表第2の12）及び家庭に関する事件として、調停の対象となります。

遺産分割は、当事者の合意による自主的かつ円満な解決が望ましいとの趣旨から、実務上はまず調停の申立てが行われることがほとんどのようです。

そして、調停手続を進めた上で、調停が成立しなかったときは審判手続に移行することになります。

■ 遺産分割の調停

調停は、非公開の手続で、家事審判官である裁判官と調停委員で構成される調停委員会の立会いのもと、話し合いによって円満な解決を目指す手続です。調停委員会は、中立・公正な立場で当事者双方から言い分を平等に聞いた上で、アドバイスや解決案の提示を行いますが、分割方法を強制することはありません。

話し合いがまとまると、その合意内容を記した調停調書が作成されます。

この調停調書は、確定判決と同じ効力を持ち、これに基づいて遺産分割を行うことになります（家事事件手続法268条1項）。

■ 遺産分割の審判

調停での話し合いがまとまらなかったときには調停は終了し、審判手続に移行します。改めて審判の申立てを行わなくても、調停の申立てを行ったときに審判の申立てがあったものとみなされ、審判手続に移行し、手続が開始されます。

審判は、非公開の手続で、家事審判官である裁判官が、相続財産の種類や性質、各相続人の年齢、職業、心身の状態、生活の状況その他の一切の事情を考慮した上で分割方法を決め、審判をすることになります。

この審判には法的強制力があり、その内容に基づいて遺産分割を行うことになります。

審判に不服があるときは、2週間以内に即時抗告の申立てをすることができ、裁判上での争いに移行することになります。

31

第4章
交 通 事 故

イントロダクション

　現在社会生活においては、誰もが交通事故の被害者・加害者となるリスクがあり、交通事故の問題は比較的身近な法律問題といえます。

　交通事故では様々な損害が発生するため、請求にあたって損害を適切に把握する必要があります（4-1）。また、被害者に後遺障害が残った場合、その損害についても対応が必要となります（4-2）。もっとも、事故発生に被害者に落ち度がある場合や事故前の既往症などにより損害が拡大した場合は、その程度に応じて損害額が減額されることもあります（4-3）。そして、交通事故はその件数が多く専門的なため、当事者間で解決が出来ない場合、裁判の他にも紛争解決手続が整備されています（4-4）。

　本章では、交通事故に関する基本的事項についてご説明します。

4-1 ■ 交通事故による損害の請求

Case 4-1

　私は、車で赤信号待ち停車中、運送作業中のトラックに追突される交通事故に遭いました。事故で私の車は大破し、私自身怪我で3日間入院しその間仕事を休みました。その後約3ヶ月間バスで通院し、最近やっと通院が終わりました。今回、誰に対しどういう損害の請求が可能でしょうか。

Answer

　まず、請求する相手としては、今回はトラック運送業務中の事故のため、トラック運転者の他に運送会社に対して損害賠償請求ができます。

　請求内容としては、車両時価額の請求の他、車のレッカー代や新車買替諸費用、新車購入までの代車費用なども請求できます。また、怪我に関して、

医療費実費、入院雑費、通院のバス代、仕事を休んだ日数の給与相当金の他、入院３日、通院３ヶ月の期間に応じた入通院慰謝料が請求できます。

■ 法律の基礎知識

交通事故の損害は、物に関する物的損害と、怪我等の人的損害に分けられます。物的損害の賠償請求では、①交通事故の発生、②損害額、③①と②の因果関係、④加害者の故意又は過失を証明する必要があります（民法709条）。人的損害の請求では、被害者保護のため、被害者側は①から③の要件を証明すればよく、加害者側が、(a)運転者に過失がないこと、(b)被害者、運転者以外の第三者に故意又は過失があったこと(c)自動車に構造上の欠陥又は機能障害がなかったことを証明しなければ賠償責任を負うとされています（自動車損害賠償保障法３条）。

請求相手につき、物的損害の場合は原則として加害車両の運転者となり、運転者の会社業務中の車両事故の場合は会社に請求できます（民法715条１項）。人的損害の場合、「自己のために自動車を運行の用に供する者」（自動車損害賠償保障法３条）、例えば、加害車を普段使っていない所有者にも請求が可能です。

■ 物的損害と人的損害の標目について

物的損害につき、①車両損害として、(a)全損の場合は車両時価、(b)修理可能な場合は修理費用分、②車載物の損害、③車両レッカー代、④車両買替費用等の損害、⑤修理や新車購入までの代車費用等が請求できます。なお、その他、⑥休車損害（営業車の場合に使用不能期間中稼働していれば得られた利益喪失分）、⑦評価損（事故車の格落ち評価下落分の損害）があります。

人的損害につき、主に、①治療関係の損害（治療費、入院雑費、入通院交通費、付添看護費用等）、②休業損害（負傷等による休業日数の給与額相当金）、③入通院慰謝料（入通院期間に応じて算定）があります。その他、後遺障害が残った場合はこれに関する損害も請求できます（詳細は（4-2）参照）。

このように、交通事故の損害は多岐に渡り、事故ごとに損害標目は異なるため、よく分からないときは弁護士への相談をお勧めします。

4-2 ■ 後遺障害に関する損害

Case 4-2

私は、横断歩道歩行中に信号無視の自動車に轢かれる交通事故に遭い、下半身が完全に麻痺し車椅子生活となり、事故前の職業に復帰出来ず、自宅改造や生活全般の家族の付添介護が必要になっています。加害者に対し、後遺障害に関してどのような損害を請求することができるでしょうか。

Answer

まず、あなたの後遺障害は「両下肢の用を全廃したもの」として後遺障害等級1級6号（自動車損害賠償保障法施行令別表第2）に該当すると考えられます。このため、逸失利益として通常は67歳までの労働能力を100％喪失したことを前提に、事故前の収入額をベースに67歳までに得られた収入総額から中間利息を差し引いた収入相当額を請求できます。また、後遺障害慰謝料として、後遺障害1級相当の基準額に加え、信号無視という加害行為の悪質さを考慮し基準額から金額を増額して請求することも考えられます。その他、あなたの後遺障害の内容上、自宅改造や車椅子等の諸費用、家族の固有の慰謝料、平均余命までの介護付添費用なども請求可能です。

■ 法律の基礎知識

後遺障害とは、治療を継続してもこれ以上症状が改善しないと判断される状況（「症状固定」といいます。）での残存障害をいいます。自動車損害賠償保障法施行令により、症状ごとに1級から14級の等級があり、賠償実務上、後遺障害等級に応じ慰謝料額や労働能力喪失率が基準化されています。後遺障害の認定は医師の後遺障害診断書その他診断結果を踏まえ、損害保険料率算出機構（自賠責調査事務所）が認定しますが、認定に不服がある場合は不服申立て及び裁判で争うことが可能です。

後遺障害の主な損害項目は、①逸失利益、②後遺障害慰謝料、があります。①逸失利益は、後遺障害がなければ本来得られたであろう収入を損害として算定するもので、後遺障害等級に応じた労働能力喪失率、症状固定から就労

第4章　交通事故

可能年齢基準の67歳までの年数、中間利息係数を掛け算して算定されます。なお、後遺障害が比較的軽微な場合、労働能力喪失期間が一定年数に短縮されることもあります。②後遺障害慰謝料は、等級に応じた基準額をベースにその他一切の事情を考慮し算定します。また、その他、重大な後遺障害の場合は被害者の家族固有の慰謝料が認められることもあります。

　その他、後遺障害の程度に応じ、以後の生活上必要な自宅改造費用、装具代、将来の介護費用相当額などが認められることもあります。

■ 後遺障害に関する損害請求方法

　まず、入通院先の病院の主治医に後遺障害診断書の作成を依頼し、後遺障害等級手続の申請をします。手続は、①加害者加入の保険会社担当者に後遺障害診断書を交付して手続をしてもらう方法（加害者請求）と、②被害者が加入している自動車損害賠償責任保険会社へ被害者自身で行う方法（被害者請求）があり、②の場合は後遺障害診断書の他にご自身で必要書類を取り寄せる必要があります。

　後遺障害等級認定後、認定に不服がある場合は損害保険料率算出機構（自賠責調査事務所）へ不服申立てが可能であり、さらに不服がある場合は訴訟で争うことができます。なお、本件のような重大な後遺障害の場合、家族固有の慰謝料、将来介護費用、自宅改造費用等について話し合いでまとまらないことも多いため、訴訟を見越した対応が必要となります。

　損害認定は事案によって異なり、対応には専門知識が必要となりますので、詳細については弁護士に相談することをお勧めします。

参考事例

　加害者の赤信号無視による交通事故で後遺障害等級1級1号と認定された被害者につき、後遺障害慰謝料を基準額より増額し、自宅改造費用、家族固有の慰謝料、将来の介護費用を認めた事例があります（東京地方裁判所平成22年10月27日判決交通事故民事裁判例集43巻5号1336頁）。

35

4-3 ■ 損害賠償額の減額事情

Case 4-3

私は、私の道路側に一時停止線のある信号機のない交差点を自転車で停止せず進行中、右側から直進した自動車に衝突される事故に遭い、持病の腰椎椎間板ヘルニアの悪化により通院しました。通院終了後加害者側の保険会社に賠償額を減額提示されたのですが減額されてしまうのでしょうか。

Answer

まず、本件の事故現場交差点は、信号機による交通整理はなくあなたの道路側に一時停止線規制があるため、加害者側道路が優先道路となります。そして、自転車も自動車と同様一時停止線で停止する義務があり、あなたにも一時停止線で停止をしなかった落ち度があります。これらの事故発生状況からすると、一定の割合で損害額の減額がなされます。

また、持病の腰椎椎間板ヘルニアの悪化での通院は、事故とは関係のない持病により、通常より長期間の通院が必要となったと考えられるため、持病の程度と負傷の状況等を踏まえ損害額の減額がなされることがあります。

減額割合は事情で異なるため、詳細は弁護士への相談をお勧めします。

■ 法律の基礎知識

交通事故の損害賠償額の算定においては、当該事故で発生した損害（損害項目概要は4-1参照。）総額から、損害額の減額事情に応じた割合により減額されることがあります。減額事情としては、主に、①過失相殺、②素因減額があります。

①過失相殺は、事故発生現場の状況や事故発生原因、加害者・被害者それぞれの行動等を総合的に考慮し、被害者側にも落ち度（過失）があると認められる場合に落ち度の程度に応じて損害額を減額するものです（民法722条2項）。減額割合は交通事故賠償実務上、事故類型ごとに一定程度基準化されていますが、事故状況について争いとなるケースが多く、また基準に合致しないケースも散見されます。最近、自転車の事故も多発していますが、自

36

転車も軽車両（道路交通法２条11号）として自動車の法規制と一部共通するため、自転車運転者も十分注意する必要があります。

②素因減額は、被害者に事故前からの既往症や心因的な問題（「素因」といいます。）があり、これにより損害の発生や拡大に寄与・競合した場合に、公平の見地から損害賠償額を減額するというものです（民法722条２項類推適用）。素因には、(a)既往症がある場合に問題となる「体質的素因」、(b)むち打ち症の痛みなど医学的に原因が確認できない症状を訴える場合に問題となる「心因的素因」があります。素因減額の有無及び減額割合は医学的な専門知識も要求され、事案によって判断が異なります。

■ 本件の対応について

まず、過失相殺につき、本件は自転車側に一時停止規制あり・四輪車側規制なしの事故類型であり、あなたの側４割、加害者側６割の過失割合が原則となります（別冊判例タイムズ38「民事交通訴訟における過失相殺率の認定基準」全訂５版【244】図参照。）。もっとも、加害者のよそ見運転等の事情があれば割合は異なるため、弁護士に依頼して交通事故の実況見分調書等を取り寄せて確認するなどの対応も考えられます。

また、素因減額につき、あなたが事故後に通院する際に、加害者側保険会社より、通院先の病院への医療調査の同意書の送付依頼があったかと思います。加害者側保険会社は同意書に基づきカルテ確認や医師への聞き取り結果を踏まえ提示されているかと思われますが、素因減額の有無や割合は一概には決まりませんので、交渉の余地は十分あります。

訴訟で争うこともちろん可能ですが、その場合は高度な専門的知識が必要となるため、弁護士に依頼することをお勧めします。

参考事例

加害行為と事故以前からの被害者の疾患が共に原因となり損害が発生した場合において民法722条２項を類推適用し、当該疾患の態様・程度に照らし、素因減額を認めた事例があります（最高裁判所平成４年６月25日判決民集46巻４号400頁）。

4-4 ■ 交通事故紛争の解決方法

Case 4-4

　私は、交通事故で負傷し後遺障害認定を受けました。事実関係について争いはないものの、過失割合や損害額に争いがあり、加害者側保険会社から少ない賠償額を提示され話し合いでの解決は難しそうです。何らかの手続を利用して解決したいのですが、手続や費用等について教えてください。

Answer

　交通事故の紛争解決手続は、裁判所での手続として、訴訟の他に民事調停があります。また、裁判所以外の手続は、保険会社と協定している公益財団法人交通事故紛争処理センターや日本弁護士連合会が運営する交通事故相談センターによる示談あっせん手続などがあります。裁判所での手続利用の場合は請求額に応じた手数料が必要ですが、調停は訴訟より費用は低廉となっています。他方で、裁判外の手続の手数料は無料となっています。

　訴訟以外の手続は、仲裁者を介して合意を模索するものですが本件の場合、事故状況等の事実関係に特に争いがなく、加害者側保険会社担当者が窓口になっていることから、まずは、公益財団法人交通事故紛争処理センターの示談あっせんをすることをお勧めします。なお、弁護士への相談や対応を依頼する場合、ご自身で加入する自動車保険に弁護士費用の特約がある場合は弁護士費用を保険で補填できますので、ご確認ください。

■ 法律の基礎知識

　現代の自動車社会では交通事故は非常に多く、誰でも被害者・加害者いずれにもなってしまうリスクがあります。このため、賠償に関して自動車損害賠償責任保険の強制加入義務（自動車損害賠償保障法第5条）があり、これに加え、保険会社の任意保険契約を締結しているのが一般的です。また、賠償に関する紛争件数も多いため、加入している保険会社による示談代行サービスの他、様々な紛争解決のための手続が整備されています。

　賠償交渉は、まず、ご自身と加害者の契約先任意保険会社の示談代行を介

第4章　交通事故

した示談交渉から始まります。保険会社は、裁判上の賠償基準より低額の独自の査定基準に基づき賠償額を提示しますが、これは詳細な主張立証を要求せず話し合いでの迅速解決を前提としているためです。他方で、訴訟は証拠に基づく通常人が疑いを差し挟まない程度の損害等の立証が要求され、保険会社提示額より減額されるリスクもある点に留意が必要です。

　第三者の仲裁による手続としては、①裁判外での紛争処理手続、②裁判所での調停手続があります。いずれの手続も、裁判上の賠償基準を念頭に、直接当事者間で話をせず、仲裁者を介して合意に向け話し合いをするものです。①裁判外の紛争処理手続は、弁護士が仲裁者を担当するもので、手続手数料は不要です。なお、合意には法的強制力がありませんが、公益財団法人交通事故紛争処理センターの手続は、合意事項について保険会社等との協定により、保険会社等に対しての強制力を有しています。

　②裁判所での調停手続は、裁判官1名と調停委員2名の調停委員会が仲裁者となって話し合いをするものです。手続手数料はかかりますが、訴訟に比べて低廉となっています。また、調停が成立した場合に作成される調停調書には後述する裁判上の和解と同一の効力があるため、強制執行も可能です（民事調停法第16条、民事執行法第22条7号）。①②いずれの手続も、訴訟に比べ簡易かつ迅速な解決が可能というメリットがありますが、お互いの合意が必要であり、証拠による厳密な事実認定はしないため事実関係に争いのあるケースには向かないというデメリットがあります。

　これらの手続で解決できない場合、訴訟によることとなりますが、訴訟では証拠に基づく主張立証が必要となり、終結までに数年の時間がかかる場合もあります。なお、判決前に裁判所から和解の提案がなされることもあり、和解が成立した際に作成する和解調書には判決と同じ効力を有し、強制執行も可能です（民事訴訟法第89条、第267条民事執行法第22条7号）。

■ 紛争解決手続の選択にあたって

　交通事故の紛争解決には様々な方法があります。弁護士費用を保険で補填することも可能なため弁護士へ相談し、より良い解決の模索をお勧めします。

39

第5章

労 働 問 題

イントロダクション

　「ブラック企業」という言葉を良く耳にするようになりました。近時、残業問題、解雇、賃金不払いなど労働問題の相談が急増しています。長時間労働が常態化し、従業員が定着しないなど、多くの問題がある中で、政府は、「多様な働き方の導入」、「時間でなく成果で評価する」いわゆる「残業代ゼロ」法案を閣議決定しました。しかし、同法案が施行されれば「ブラック企業」はなくなるのでしょうか。（平成28年5月現在、成立はしていません。）

　「失われた20年」を経て、終身雇用、年功序列をはじめとする日本的な働き方を見直す時期にきているのかもしれません。

5-1 ■ 残業代・有給休暇

Case 5-1

　私が働いている飲食店では、サービス残業が常態化しています。店長に対しきちんと残業代を払って欲しいと訴えても、残業代をつけさせてもらえません。どうすれば残業代を請求することができるのでしょうか。

Answer

　残業代を払わないことは明らかに違法行為です。

　事業主は残業時間に応じた残業代を支払う義務を免れることはできません。退職後であれば、交渉をして芳しい成果が得られなければ、遠慮なく法的手続をとることもできるでしょうが、在職中はそういったことはなかなか難しいと思います。

　このまま在職し続けるか、職場に見切りをつけるかということもよく考えなければなりませんので、まずは、弁護士に相談することをお勧めします。

40

■ 法律の基礎知識

　労働基準法第32条では、「使用者は、労働者に、休憩時間を除き1週間について40時間を超えて、労働させてはならない。」と定められています。それを受けて、8時間を超える時間外労働については基礎賃金の25％増し、午後10時から朝5時までの深夜の時間外労働については基本賃金の25％増し、休日労働については基本賃金の35％増しの給料を支払わなければならないと定められています（労働基準法第37条、労働基準法施行規則第20条）。

　但し、いつまででも請求できるわけではなく、残業代が発生する時から2年を経過すると、時効により請求ができなくなってしまうことがあるので、その点は御注意下さい（労働基準法第115条）。

■ 会社への請求方法

　会社へ残業代を請求するには、自ら交渉する、団体交渉の申し入れ、労働審判、訴訟などの方法が考えられます。

① 在職中

　事業主と毎日顔を合わせている状況で、労働審判や訴訟といった法的手続は、なかなか、取りにくい方法だと思います。

　実際、在職中に残業代を請求するのであれば、自ら交渉する、団体交渉の申し入れという方法になると思います。

② 退職後

　退職後であれば、交渉をして会社が提示した案を受け入れないのであれば、労働審判、訴訟という方法をとることになるでしょう。

　労働審判は、原則、3回の期日で、審判という一定の結論が出るので、迅速性があります。労働審判で、合意に至らなければ、訴訟に移行します。

　まずは、弁護士に相談して労働審判の申立てを依頼するのがよいでしょう。

> **参考事例**
>
> 　タクシー運転手に対する月間水揚高の一定率を支給する歩合給が時間外及び深夜の労働に対する割増賃金を含むものとはいえないとされた事例があります（最高裁判所平成6年6月13日判決民集172号673頁）。

5-2 ■ パワハラ

Case 5-2

私は上司から、ほぼ毎日、「こんな仕事でよく給料がもらえるな。」というようなことを言われ続けています。上司に対して、そのようなことを言うのは止めて欲しいと言っているのですが、上司からは、「君のためを思っての言葉だから気にするな。」と言われます。私はこのまま耐え続けなければならないのでしょうか。

Answer

一般的に「上司の立場であることを利用して嫌がらせをすること」をパワーハラスメント（略して「パワハラ」）と言います。「こんな仕事でよく給料がもらえるな。」と言われて、頑張ろうと発奮するとは考えられず、あなたに限らず誰でも嫌な思いをすると思います。一度だけではなく、継続的に言われ続けているのであれば、上司の言動はパワハラにあたる可能性があります。

このままの状況が続けば、うつ病などの心の病になってしまうかもしれません。会社の代表者に現状を訴えても、上司からあなたに対する言動が改善されないのであれば、転職を考えたほうが良いかもしれません。

■ 法律の基礎知識

パワハラは、民事上の不法行為にあたりますので、あなたは、上司に対し、損害賠償請求をすることができます（民法第709条）。

また、事業主（法人である会社）には、「職場環境配慮義務」といって、従業員が怪我などしないよう物理的な面で職場環境を整備することだけでなく、従業員が心理的に過度の負担なく仕事が出来るよう人的な面でも職場環境を保全する義務があります。当然、そこには、過度な叱責などのパワハラを防止する義務も含まれます。事業主がパワハラの事実を知りながら、パワハラを行っている上司に対し、注意や処分をしないなど職場環境配慮義務を怠っていると認められる場合には、会社にも、損害賠償請求をすることがで

第5章　労働問題

きる場合があります（民法第415条）。

　もっとも、全く業務とは無関係なセクハラとは異なり、上司が、部下に対し、必要に応じて指揮命令権限を行使すること自体は適法であり、適法な指揮命令権限の行使とパワハラとの線引きは、難しい面があります。

■ あなた自身がとるべき行動

　まずは、会社の代表者に現状を訴えて、パワハラを行っている上司に対し、注意をしてもらうことが先決だと思います。そのようなことをする気力すら起こらないということであれば、医師に診断書を作成してもらい、休職することも1つの方法です。もっとも、あなた自身が今後も心身ともに健康で働き続けることが何より大切なことなので、毎日、起床することが辛いほど苦しい思いをしているのであれば、転職を考えたほうが良いかもしれません。

　また、暴力行為を受けているならともかく、過度な叱責などによるパワハラの場合には、訴訟になった場合、上司の言動がパワハラにあたるか否かの判断の前に、「言った言わない」の争いになってしまうことがあります。そうならないために、言われた言葉を手帳に残しておくとか、ボイスレコーダーで録音をとっておいたほうが良いと思います。

　上司や会社をパワハラで訴える場合には、機械的に計算が可能な残業代の請求とは異なり、パワハラにあたるかどうかは価値判断による面が大きいので、簡易な手続である労働審判ではなく、訴訟をすることが多いと思います。但し、訴訟をすることは、相当な時間と覚悟が必要なので、弁護士とじっくり相談した上で方針を決めるようにして下さい。

参考事例

　上司から「意欲がない、やる気がないなら、会社を辞めるべきだと思います。」などと記載された電子メールを送信した行為は、名誉毀損又はパワーハラスメントで不法行為を構成すると主張して慰謝料100万円を請求した事件について、裁判所は、その表現において許容限度を超え、著しく相当性を欠くものであって、不法行為を構成すると判示しました（東京高等裁判所平成17年4月20日判決）。

43

5-3 ■ 不当解雇

Case 5-3

先日、勤めていた会社から解雇されました。

営業成績が上がらないことと一度だけ遅刻してしまったことが解雇の理由であると告げられました。

しかし、営業成績が上がっていないのは私だけではありませんし、遅刻をしてしまったのはたった一度だけです。妻や子供を養っていかなければなりませんので、訴訟などで争うことも考えています。どのような点に気をつければよいでしょうか。

Answer

会社は、労働者をいつでも自由に解雇できるわけではありません。

一生懸命働き給料を得て、安心して生活を送ることは労働者にとって最も重要なことです。解雇は労働者だけでなく、それによって生活を送っている家族にも大きな影響を与えます。それを踏まえ、労働基準法をはじめとする労働法制において解雇が制限される場合が明示されています。訴訟では、解雇が無効であり従業員としての地位を有していること、本来支払われるべき給与を請求することになります。

最終的にはあなたが告げられた解雇の理由が妥当なものか裁判官が判断します。解雇が妥当ではないとなった場合には、解雇は無効となりますので、あなたは以前と同じように会社で働き続けることができます。**参考事例**に照らせば、解雇が無効となることも十分に考えられます。

■ 法律の基礎知識

労働基準法において、業務上の負傷疾病による休業期間、産前産後休業期間とその後30日は解雇が制限されています（労働基準法第19条）。

また、労働者が組合活動を行っていることを理由とする解雇も禁止されています（労働組合法第7条）。当然のことですが、性別や国籍など、生まれながらの属性を理由とする解雇も禁止されています。

第5章 労働問題

　平成20年より施行された労働契約法では、「解雇は、客観的に合理的な理由を欠き、社会通念上相当であると認められない場合は、その権利を濫用したものとして、無効とする。」とされていますので、法律上の制限理由がない場合でも、合理的な理由のない解雇は無効となります（労働契約法第16条）。

　もっとも、どのようなことをすると解雇になってしまうか、あらかじめ明示されていれば、解雇に関する争いはある程度未然に防止することができます。そこで、会社は働くためのルールを定める就業規則に解雇だけでなく、減給などの不利益処分について、どういった場合に不利益処分を行うことがあるのかきちんと定めておかなければなりません。また、解雇という結論を下す前に労働者の言い分を聴取することも解雇にあたっての必要な手続とされています。

■ あなた自身がとるべき行動

　まずは、不当解雇だと争う前に、この会社で働き続けたいのか、それとも、心機一転転職するのかよく考えて下さい。生活のために転職をしたとしても、不当解雇だと争うことができなくなるわけではありませんが、法的な争いになった場合には過酷な争いになりますので、相当な覚悟が必要です。

　解雇も後から撤回できないわけではないので、懇意にしている上司などを通じて、この会社で働き続けたいと事業主に働きかけることをしてみてもいいかもしれません。しかし、それでも解雇が撤回されないようであれば、会社を相手に不当解雇を理由に解雇の無効等を争う裁判を提起することになります。

参考事例

　放送局のアナウンサーが、2週間の内に2度寝過ごしたためニュースを放送できなかったことは就業規則所定の解雇事由に該当するが、それについて同人のみを責めるのは酷であり、日頃の勤務態度も悪くなく、謝罪をしているのなどの事情が認められるときには、解雇は社会通念上相当なものとして是認することはできない、とされた事例があります（最高裁判所昭和52年1月31日判決民集120号23頁）。

5-4 ■ 派遣労働

Case 5-4

私は派遣社員として働いています。平成27年9月30日から改正労働者派遣法が施行されたそうですが、どのような点が変わったのでしょうか。改正後の労働者派遣法のポイントについて教えて下さい。

Answer

まず改正労働者派遣法には主に3つのポイントがあります。

〈1つ目〉 専門26業務の撤廃

これまで通訳、インテリアコーディネーター、アナウンサーなど業務を迅速かつ適確に行なうために専門的知識や技術などを必要とする専門26業務には派遣期間の制限はありませんでした。

しかし、今回の改正によって、専門26業務についても、派遣期間は原則3年となりました。雇い止めされる人が多く出てくるのではないか懸念されています。

〈2つ目〉 個人単位、事業所単位の期間制限

改正前は、最長でも3年までしか同じ職場で派遣社員を受け入れることができませんでした。

しかし、改正によってその期間制限がなくなり、企業は派遣される人を入れ替えさえすれば、ある業務を派遣社員にさせ続けることが出来るようになりました。いつまでも正社員になることができず、雇用の不安定な派遣社員として働き続けられることを強いられる労働者がこれまで以上に増えることになりそうです。

〈3つ目〉 雇用安定措置の義務化

派遣会社を全て許可制にし、継続的な教育訓練や「雇用安定措置」を図ることを派遣会社に義務付けました。雇用安定措置の内容は、①派遣先への直接雇用の依頼、②積極的な派遣先の紹介、③派遣会社において労働者を無期雇用することです。もっともどこまで実効性があるか疑問です。

第5章　労働問題

■ 働き方の変化について

　派遣はあくまで代替的な働き方という考えがされていましたが、今回の改正によって企業が正社員を派遣社員に入れ替え、また、一定の業務はずっと派遣社員に行わせるようにするなど、労働者の構成を変化させるのではないかと言われています。

　派遣という働き方も一つの働き方であり、働く時間が限られる人などにとってはメリットもあります。

　しかし、今は派遣社員として働いているが、いつかは正社員として働きたいという人にとっては、今後ますますその道は厳しくなっていくことが予想されます。

　正社員を目指すのか、派遣社員として働き続けるのか、今後のキャリアプランをよく考えて行動するようにして下さい。

終わりに

　私達は働かなければ生活していくことは出来ません。そういった意味では働くことの問題は誰にも関係する最も身近な法律問題の１つです。

　今回は残業代、パワハラ、解雇、派遣を取り上げましたが、他にもセクハラ、転勤、降格、過労死など、様々な問題があります。

　働くことに関する問題は、何か言えば辞めさせられてしまうのではないかと考え、１人で悩んでしまいがちです。悩みながら働くことほど苦しいことはありません。

　しかし、専門家に限らず、誰かに相談することで解決することも多くあります。またどうしたらよいかわからない時でも、まずは動き出すことによって解決できることもあります。働くことは生きていくことです。今回取り上げたことやアドバイスが少しでも参考になれば幸いです。

第6章
消 費 者 問 題

イントロダクション

　私達は、物や権利を買うという行動を日常的にしており、近年では、お店で買物をするだけでなく、インターネットで注文をしたり、自宅に業者が訪問してきたり買物の仕方も様々です。また、代金の支払方法についても、クレジットカードや電子マネーなど、決済方法も様々です。

　販売方法や決済方法が多様化したことに伴い、契約に関するトラブルが生じることが多くなってきています。

　本章では、消費者に関するトラブル対処方法についてご紹介します。

6-1 ■ 特定商取引法

▌ Case 6-1

　私は、自営業を営んでいます。ある日、自宅兼事務所に、営業マンが電話機リースの勧誘に来ました。私は、自宅の電話として利用しようと考えて、契約を締結することにしましたが、その際、契約書に屋号を記載しました。解約をしたいのですが、どうしたら良いでしょうか?

Answer

　本件は、訪問販売に該当するため、特定商取引法(以下「特商法」といいます。)上のクーリング・オフを行使することで、契約関係が解消される可能性があります。

　ただし、特商法は、「営業のために若しくは営業として」契約を締結した場合に同法が適用されないと規定していますので、営業のためにリース契約を締結した場合、特商法の適用がなく、クーリング・オフができません。

　本件では、契約書に屋号を記載していますが、個人使用のために契約をしたようですので、クーリング・オフが認められる可能性もあります。

第6章 消費者問題

■ 法律の基礎知識

「クーリング・オフ」とは、特商法の要件を満たす場合、理由の如何を問わず、消費者から、一方的に、契約を解除することができる制度です。

特商法は、商品等を購入する必要性などについて熟慮する期間が不十分となりやすい類型の販売方法について、法的規制をしています。

特商法が規制している販売方法は、①訪問販売、②電話勧誘販売、③連鎖販売、④特定継続的役務提供販売、⑤業務提供誘因販売取引です。

これらの販売方法に該当した場合、販売類型毎に定められた期間内に、クーリング・オフを行使する旨を記載した書面を発信することで、クーリング・オフを行使することができます。

ただし、特商法26条1項1号は、「営業のために若しくは営業として」契約を締結した場合は同法が適用されないと規定していますので、契約締結の目的が事業のためであるか、個人のためであるかで、クーリング・オフが行使できるか否かが変わってきます。

■ クーリング・オフの行使方法

本件は特商法9条の訪問販売に該当するため、同法で定める法定書面を受領してから8日間が経過するまでに、業者に対し、クーリング・オフを行使する旨の記載がある書面を送付することで、契約関係が遡って解消されます。

送付する書面の様式は決まっていませんが、内容証明郵便などの発送日が明らかになる方法で送付をした方が良いでしょう。

また、特商法が定める法定書面については、その記載事項が、特商法施行規則で定められており、交付された法定書面が、同規則に記載された要件を具備しない場合、クーリング・オフの期間が進行しません。

> ### 参考事例
>
> 事業者が申込みをしたリース契約のクーリング・オフを認めた事例があります（名古屋高裁平成19年11月19日判決判時2010号74頁）。

49

6-2 ■ 欠陥住宅・住宅リフォーム

Case 6-2

80歳になる母親は一人暮らしをしていますが、ある日、リフォーム業者が訪問してきて、屋根を修理して「屋根工事代金」として高額な請求書が置いていきました。屋根を見ると一応工事をした形跡がありますが、色々と不具合があるようです。

Answer

本件の場合、リフォーム業者が、自宅を訪問して勧誘を行っていますので、【6-1】に記載したとおり、特商法により、クーリング・オフを行使することができる可能性があります。

また、母親が、工事の必要性がなかったにもかかわらず、工事が必要であると誤信して契約した場合や代金が通常の金額よりも不相当に高額な場合は、消費者契約法や民法に基づき契約の無効・取消しをすることが考えられます。

工事自体に不具合があり、補修が必要な場合には、請負契約に基づく瑕疵担保責任や不法行為に基づく損害賠償請求をすることが考えられますが、その場合、建築に関する専門的な知識が必要となるため、建築士などの協力を要請することが必要となります。

■ 法律の基礎知識

住宅リフォーム工事の相談件数は、2008年度以降増加傾向にあり、高齢者への悪質な訪問販売が多くなっています。その手口は、床下や屋根裏などの普段目につきにくい箇所について、換気ができておらず、カビが発生しているなどと言い、不安を煽り、本来必要でない工事契約を締結させようとするものが、少なくありません。

本件のような訪問販売の場合には、【6-1】と同様、クーリング・オフをすることができ、支払い済み代金の返還及び損害が生じた場合の損害金を請求することができます。本件のように代金支払前の場合には、業者は工事代金

第6章　消費者問題

を請求できなくなりますので、業者から工事代金を請求されても、支払いを
拒むことができます。

　クーリング・オフが行使できない場合でも、業者が「このままでは雨漏り
する。」などと、必要でない工事をあたかも必要であるかのように勧誘をし
て、消費者がその旨誤信して契約を締結した場合には、消費者契約法4条1
項の「不実告知」にあたり、契約を取り消すことができます。また、業者の
勧誘を断り出て行く旨の意思表示をしているにもかかわらず、業者が出て行
かず、根負けして契約を締結してしまった場合にも、消費者契約法4条3項
1号に基づき契約を取り消すことができます。

　工事自体に「瑕疵」がある場合、請負契約に基づく瑕疵担保責任(民法634条)
に基づき瑕疵の補修を請求することや、瑕疵の補修に代えて損害賠償を請求
することができます。ただし、工事の不具合が「瑕疵」に該当するかの判断
や損害賠償を請求する場合の損害額などは、建築士の専門的な知識が必要に
なることが多いでしょう。

参考事例

　床下換気扇販売業者が床下換気扇設置の必要性や相当性について事実と異
なる説明をしたとして消費者契約法4条1項1号に基づく取り消しが認めら
れた事例があります（東京地裁平成17年3月10日判決）。

51

6-3 ■ クレジット取引

Case 6-3

　2ヶ月前に化粧品販売員が自宅を訪問してきて、「2年分購入すれば、値引きする。」と勧誘してきたので、化粧水30個を購入しました。代金の支払いは、クレジット会社に申込みをして分割で支払いましたが、購入した量が多すぎたため、返品をしたいと考えています。

Answer

　本件は訪問販売に該当しますので、クーリング・オフを行使できる可能性がありますが、クーリング・オフの行使期間を経過しているおそれがあります。しかし、クーリング・オフの行使期間を経過している場合であっても、本件は、いわゆる、「過量販売」に該当するため、特商法9条の2に基づき、化粧品販売業者との間の売買契約を解除することができる可能性があります。

　本件では、代金の支払いについて、クレジット会社との間で「個別信用購入あっせん契約」（割賦販売法（以下「割販法」といいます。）2条4項）をしています。過量販売解除の効果により、クレジット会社との間の契約も解除することができ、クレジット会社に支払った金銭の返還を求めることができます。

■法律の基礎知識

　訪問販売で「日常生活において通常必要とされる分量を著しく超える商品若しくは指定権利の売買契約（いわゆる「過量販売」）」に該当する場合、「売買契約締結の時から1年以内」であれば、申込みの撤回又は売買契約の解除ができます（特商法9条の2）。

　過量販売に該当するか否かは、公益社団法人日本訪問販売協会が定める「通常、過量には当たらないと考えられる分量の目安」について（公益社団法人日本訪問販売協会ホームページhttp://jdsa.or.jp/quantity-guideline/）が参考となります。ただし、同ホームページに記載された分量は、あくまでも目安

第6章　消費者問題

であり、これを超えるからといって、必ずしも過量販売に該当するわけではありませんので、注意して下さい。

　過量販売に該当する場合、売買契約を解除して、これまで支払った金銭の返還を求めることができますが、受領した商品は返還をする必要があります。

　そして、過量販売に該当する場合には、クレジットカードなどを使用せず、クレジットカード会社と個別にクレジット契約を締結している「個別信用購入あっせん契約」の場合には（クレジットカードなどを利用して分割支払いをする場合は「包括信用購入あっせん」にあたります。）、個別信用購入あっせん契約を解除することができます。このとき、クレジット会社は、消費者に対し、違約金の支払いや残金の請求ができません。他方、これまで、消費者がクレジット会社に対して支払った金銭については、返還を受けることができます（割販法35条の3の12）。

　なお、クレジット会社に対する契約の解除は、契約を締結してから1年以内に行う必要があります（割販法35条の3の12第2項）。

参考事例

　割賦販売法平成20年改正以前の事例で呉服販売業者が従業員に対し過量販売を行った契約が公序良俗に違反して無効とされた事例があります（大阪地裁平成20年1月30日判決判タ1269号203頁）。

53

6-4 ■ 多重債務問題

Case 6-4

病気のため定職に就けず、アルバイトで生計を立てていますが、生活費が足りず、サラ金数社からお金を借りました。しかし、借入限度額まで借り入れたため借入ができなくなりました。家賃や奨学金の返済も滞っています。

Answer

■ 債務整理手続きについて

借金を整理する方法として、「清算型手続」と「再建型手続」があります。

個人の方については、裁判所が関与して行う手続きとして、「清算型手続」としての「破産手続」、「再建型手続」として「個人再生」があります。他方、裁判所が関与せず、債権者と話し合いをして借金を整理していく「任意（私的）整理」の方法もあります。

これらの手続きのうち、どの手続きで借金の整理をしていくかについては、財産状況や債務総額、債権者の数などに応じて検討していくことが必要となりますので、どの手続きを選択することが良いか、弁護士などの法律専門家に相談することをお勧めします。

■ 奨学金について

現在、大学生の二人に一人が奨学金を利用して大学に通っています。その大多数が日本学生支援機構（旧：育英会）の奨学金制度を利用しています。日本学生支援機構の奨学金には、第一種奨学金（無利子貸与型）と第二種奨学金（有利子貸与型）があります。また、奨学金制度を利用する場合、人的保証として、連帯保証人と保証人を付けている場合が多く、破産申立てをして奨学生本人が債務の支払いを免除された場合でも、奨学生の父親や親戚が保証人となっていると、保証人の債務は残るため、保証人へ取立てが行われることから、保証人などに遠慮をして、破産手続きを選択できない奨学生が散見されています。

日本学生支援機構の奨学金制度については、月々の返還額を減らす「減

額返済制度」、支払いができるようになるまで返済を猶予してもらう「返済期間の猶予」や「返済免除」などの支払い困難者に対する救済制度も用意されています。（日本学生支援機構ホームページhttp://www.jasso.go.jp/shogakukin/henkan_konnan/index.html）。これらの救済制度が認められるためには、定められた要件を具備したうえで、日本学生支援機構内部が定める要件を具備する必要があります。

奨学金の返済が滞ると、信用情報機関への通知や債権回収会社への委託などをされ、不利益を被るおそれがありますので、返済が困難な場合は、できるだけ早期に、弁護士などに相談をした方が良いでしょう。

■ 社会保障制度の利用

就業困難などにより生活に困窮している場合、自治体に対して申請をすることにより、生活保護を受給することが考えられます。

自治体の担当者などによっては、「借金があると生活保護は受けられない。」と言って、申請を受理してくれないケースがあるようですが、負債の有無は生活保護開始の要件ではありませんので、借金があっても生活保護を受けることができます。また、生活保護の申請に行くと、「若いから受けられない。」「まだ働けるから受けられない。」などと言って、申請自体を受け付けてくれない（いわゆる「水際作戦」）場合があります。

自治体の窓口で申請を受け付けてもらえなかった場合や生活保護の受給が受けられなかった場合には、弁護士が、自治体の窓口まで同行して申請を手伝ったり、生活保護申請を却下した決定に対して不服申立てをしたりできますので、弁護士などの法律専門家に一度、相談をしてみてください。

第7章

賃 貸 借

イントロダクション

　私達の日常の生活において何かを貸したり借りたりすることはよく見られる光景です。とりわけ、不動産の賃貸借は生活や事業の基盤となる重要なものであり、トラブルがあった場合には適切に解決する必要があります。貸主と借主のトラブルの背景には、貸主の立場から自分の不動産であるのに自由にならないとの不満もあれば、借主の立場からは契約内容を鵜呑みにして従わなければならないとの不満もあることでしょう。この点、法律では民法の他に特別法や裁判例によって貸主借主間の利害調整がはかられています。以下事例を踏まえながらどのように両者の利害が調整されているか見ていきましょう。

7-1 ■ 建物賃貸借の期間

Case 7-1

　私は、居住用アパートを借りて1人で生活しています。大家さんとの賃貸借契約書では賃貸借期間を2年と定められていますが、期間満了の更新については定めがありません。先日大家さんから私に、東京の大学に行っている息子が半年後に卒業して地元で就職することが決まったので、賃貸借期間が満了する半年後にこのアパートを使わせたい、ちょうど2年の期間満了となる私に退去してもらいたい、との話がありました。

　このアパートは相場よりも安く、また引越費用もないので退去したくありません。私は、このアパートを退去しなければいけないのでしょうか。

Answer

　民法上2年間の賃貸借期間を定めた場合は期間の満了によって賃貸借契約

は終了します。しかし、借地借家法により住居については、2年間の契約期間が満了する1年前から6か月前までの間に更新を拒絶するとの通知をしたうえで、この更新拒絶について借地借家法が定める賃貸人や賃借人がその住居を必要とする事情や立退料支払などを考慮した正当事由が必要になります。したがって、賃貸借契約の期間を2年間と定めていたとしても2年間の経過だけでは当然には契約終了にはならず直ちに立退く必要はありません。

■ 法律の基礎知識

　借地借家法第26条1項では、「建物の賃貸借について期間の定めがある場合において、当事者が期間の満了の1年前から6か月前までの間に相手方に対して更新をしない旨の通知又は条件を変更しなければ更新をしない旨の通知をしなかったときは、従前の契約と同一の条件で契約を更新したものとみなす。」と定められています。また、同法第28条1項では、「建物の賃貸人による第26条1項の通知は、建物の賃貸人及び賃借人が建物の使用を必要とする事情のほか、建物の賃貸借に関する従前の経過、建物の利用状況及び建物の現況並びに建物の賃貸人が建物の明渡しの条件として又は建物の明渡しと引換えに建物の賃借人に対して財産上の給付をする旨の申出をした場合におけるその申出を考慮して、正当の事由があると認められる場合でなければ、することができない。」と定められています。

■ 対処方法

　退去をしたくないという理由が賃料の相場や引越料金の負担という金銭的なものであれば、大家さんと立退料について話合いをすることが考えられます。話合いで自分の納得する条件となれば退去することもよいでしょう。

　また、話合いがまとまらずに仮に裁判となった場合は、借地借家法第28条1項の正当事由の存否について同条項に定められている様々な要素を考慮して判断されることが予想されます。

　立退料の決め方や正当事由の判断など法律の専門的な知識をもって対処する必要があると思われますので早い段階で弁護士による相談を受けられるのがよいでしょう。

57

7-2 ■ 立退き

▶Case 7-2

　私は、アパート経営をしています。そのうちの1室について、2年くらい前から家賃の支払いが遅れるようになり、今では滞納額が積もり賃料の約6か月分となっています。私が催促にいっても、「家賃を支払いたいがお金がない。お金が出来たら払います。」と言うだけで全然支払ってくれません。

　この居住者にはお金がないようなので、未払賃料を回収することは半ば諦めていますが、すぐにアパートから出ていってもらい、新しい居住者に入居してもらいたいと思っています。また、可能であれば、未払家賃の回収もしたいと思っています。今後どうしていけばよいのでしょうか。

Answer

　アパートから退去してもらうためには、賃料未払いを理由に賃貸借契約を解除する必要があります。ただし、不動産の賃貸借契約解除のためには、貸主借主相互の信頼関係を破壊するに至ることが必要であり、単に1か月分の賃料の支払いが遅れているといった事情では解除は認められず、数か月程度の賃料が未払いであるとの事情が必要と思われます。

　本件のように約6か月分の賃料が滞納されているのであれば、まず滞納賃料の支払いを催告したうえで、解除を主張して明渡しを求めるとよいでしょう。

■　法律の基礎知識

　賃料の未払いは、賃貸借契約における借主の債務不履行となります。そして、民法上は、債務不履行があれば相当の期間を定めて履行を催告し相当期間内に履行がなければ契約を解除することができると定められています（民法541条）。

　しかし、不動産の賃貸借において、些細な債務不履行で契約が解除されてしまうと、借主は居住や営業の拠点を失うことになり不均衡な結果を生じることから、裁判例で修正がはかられています。最高裁昭和39年7月28日（民

58

集18巻6号1220頁）は、不動産賃貸借契約の解除の有効性が問題となった事案において「賃貸借の基調である相互の信頼関係を破壊するに至る程度の不誠意があると断定することはできない」として解除権の行使を認めませんでした。

　賃貸借契約における信頼関係の破壊の有無は、賃料の滞納の問題だけでなく用法違反など様々な事情を考慮して判断がなされると考えられ、この最高裁判所の判例についても単に賃料の未払いの事実ではなく、信頼関係の破壊の有無が解除の可否の基準となっています。

■ あなた自身がとるべき行動

　まずは、賃料の入金状況が判明する証拠をまとめたうえで、これらの証拠をもとに滞納期間と滞納賃料額がわかる一覧表を作成しましょう。

　話合いで解決する見込みがなければ、まず、相当期間以内に滞納金額の全額の支払うこと、その相当期間内に支払いがなければ賃貸借契約を解除することを内容とする書面を内容証明郵便にて借主に出すとよいでしょう。

　そのうえで、賃料の支払いがなく、自主的な立退きもなければ、未払賃料の支払いと建物明渡しを求めて裁判をする必要があります。

　仮に、裁判で未払賃料の支払請求と建物明渡請求が認められた場合でも、借主に財産がなければ未払賃料の回収はできないこともあります。また建物明渡については別途執行を裁判所に申立てる必要があります。

参考事例

　債務不履行を理由とする契約解除については、原則として履行のための相当期間を定めた催告が必要です（民法第541条）が、不動産の賃借人が賃貸人との信頼関係を破壊し、賃貸借契約の継続を著しく困難にした場合は、賃貸人は催告を要せず、将来に向かって賃貸借契約を解除することができるとした裁判例があります（最高裁昭和27年4月25日判決民集6巻4号451頁）。

7-3 ■ 自力撤去の可否

Case 7-3

私は、アパート経営をしていますが、ある部屋の借主が賃料を５か月ほど滞納したまま所在不明となり、連絡が取れません。早く新しい借主に借りてもらいたいところですが、家電製品や家具などの荷物がそのまま残されています。

私が貸主として現在の借主の荷物を撤去して、新たな借主と賃貸借契約を締結しても問題ないでしょうか。

Answer

まず、貸主は、相当期間の賃料未払いを理由に現在の借主との賃貸借契約を解除する必要があります。この契約解除の通知は借主に到達されることが必要ですが、行方不明のために通知ができなければ、公示送達の方法（裁判所の掲示場に掲示して官報に掲載する方法）により契約解除の通知をします。

次に、当該建物の明渡しを求める訴訟を提起して勝訴判決を得て、この判決に基づき建物明渡しの強制執行を裁判所に申し立てることになります。この強制執行手続において、残置された荷物等の動産は裁判所の執行官により売却等の処分がなされます。未払賃料等の支払いを命じる判決を得ている場合には、建物明渡しの強制執行の申立てとともに金銭執行としての動産執行申立てをして未払賃料等の回収を図ることが理論的には可能ですが、資産価値のある動産類が残置されていることは少なく、事実上、回収困難な場合が少なくありません。

■ 法律の基礎知識

自己の権利を実現するためには、法律に則った手続を履践する必要があり、これを経ずに行う自力救済は違法行為となり、民事上の不法行為（民法第709条）や刑事上の窃盗罪（刑法第235条）等の責任追及をされる可能性がありますので、上記の手続を履践する必要があります。

まず、賃貸借契約の解除の意思表示は、その通知が借主に到達して効力が

生じることになります（民法第97条1項）。

　しかし、借主が行方不明となり通知ができない場合は、公示送達の方法によって行うことができます（民法第98条1項）。この公示による意思表示は一定期間の経過により借主に到達したものとみなされます（同条2項本文）。

　強制執行は、確定判決等の債務名義により行う（民事執行法第22条）とされており、賃貸借契約の解除を理由に当該建物の明渡しを求める訴訟を提起して確定判決を得る必要があります。

■ あなた自身がとるべき行動

　まずは、借主の所在を確認するよう努めます。それでも所在が判明しない場合は、賃料の未払額とその支払いを求めること、支払いがない場合には通知後一定期間後に契約を解除する内容の書類作成したうえで、裁判所に対して公示送達の申立てをします。場合によっては、後述の当該建物の明渡しを求める訴訟で無催告解除を主張する方法も考えられます。

　そして、公示送達の効力発生後に裁判所から、意思表示到達の証明申請書の交付を得て、これも証拠として裁判所に対して当該建物の明渡しを求める訴訟を提起します。なお、この訴訟についても公示送達が必要になると思われます。

　この訴訟で勝訴判決を受け確定したら、裁判所に対して建物明渡しの強制執行を求めることになります。明渡しの強制執行は、執行官が債務者（借主）の目的物に対する占有を解いて、債権者（貸主）にその占有を取得させることを目的とするものですから、債権者又はその代理人が執行の場所に出頭する必要があります（民事執行法第168条3項）。

参考事例

　不動産競売手続により土地建物の所有権を取得した不動産業者が、同建物について引渡命令・明渡執行の手続を行うことなく、残置されていた元所有者の動産類を廃棄したことが不法行為に該当するとされています（東京地方裁判所平成14年4月22日判決）。

7-4 ■ 賃料増額

Case 7-4

　私は、昭和40年ころからアパート経営をしていますが、経営を始めた当初から現在まで継続して賃貸している部屋が１つあります。その部屋の家賃はいずれも昭和40年ころに設定した金額のままです。

　確かにこのアパートは相当古くなっており、近隣の築年数の浅いアパートと比較しても家賃は低額とならざるを得ないと考えていますが、最近知り合いの不動産業者に確認したところ、現在のこのアパートの家賃は通常設定される家賃相場の半額程度とのことです。

　賃貸借契約書には賃貸借期間を５年と定めており、更新を重ねて現在に至っておりまだ期間満了まで３年残っていますが、家賃の値上げをするにはどうしたらよいのでしょうか。

Answer

　賃料を増額しない旨の特約をしていなければ、現在の家賃が不相当に低額である場合には、賃料の増額請求ができます。この不相当であるか否か判断する考慮要素として、土地や建物に対する租税の増減、土地や建物の価格の上昇下落、近傍同種の建物賃料との比較等の諸事情を考慮して判断されるとされています。

■ 法律の基礎知識

　借地借家法第32条１項は「建物の借賃が土地若しくは建物に対する租税その他の負担の増減により、土地若しくは建物の価格の上昇若しくは低下その他の経済事情の変動により、又は、近傍同種の建物の借賃に比較して不相当となったときは、契約の条件にかかわらず、当事者は、将来に向かって建物の借賃の額の増減を請求することができる。ただし、一定の期間建物の借賃を増減しない旨の特約がある場合には、その定めに従う。」と規定しています。

　また、民事調停法第24条は「宅地又は建物の賃借その他の利用関係の紛争に関する調停事件は、紛争の目的である宅地若しくは建物の所在地を管轄す

第7章　賃貸借

る簡易裁判所又は当事者が合意で定めるその所在地を管轄する地方裁判所の管轄とする。」と規定しています。

■ あなた自身がとるべき行動

　まず、相当な家賃を算定することが必要です。しかし、その算定方式は専門的であるため、不動産業者や不動産鑑定士による算定となることが通常ですが、不動産鑑定士の鑑定費用には費用が高額になるケースもあり、注意が必要です。当初は近隣の不動産業者による簡易安価な算定書をもって手続を進めてみることも一つの方法です。

　そして、家賃の増額を請求するためには、借主に対し、将来いつから家賃をいくらにするのか通知することが必要です。この通知は後の争いに備えるために内容証明郵便で行うのがよいでしょう。

　これに対して、借主が家賃増額と増額時期に応じるのであれば、現在の契約書を変更内容に沿って改訂すればよいでしょう。反対に借主があなたの要求に応じなければ、訴えを提起する前に裁判所に調停の申立をしなければなりません（民事調停法第24条の２第１項）。

　この調停が不成立等の理由でまとまらなければ、一定期間内に裁判所に対して家賃増額を求める訴えを提起することになります。

参考事例

　借地法第12条１項（現在の借地借家法第11条１項に相当）による賃料増額請求があった場合に「相当な賃料が何程かは、同条所定の諸契機を考量して裁判所が合理的に判定すべきものであって、同条に『比隣ノ土地ノ地代若ハ借賃』が考量すべき一契機として明示されている以上、所論のように、従来の賃料にその後における地価高騰率を乗じてのみ算出しなければならないものではない。」と判示した裁判例があります（最高裁昭和40年11月30日判決民集81号237頁）。

63

第8章
貸金請求・過払い・債務整理

イントロダクション

　日常生活の中で、お金を貸し借りする機会は、意外と身近にあります
が、お金のトラブルは、人の一生を左右する問題となるものです。そこ
で、一般的な貸金請求に関する法的知識、過払金が生じたり、借金で首
が回らなくなったりした場合の法的救済措置について検討していきま
しょう。

8-1 ■ 貸金請求権の発生原因等

Case 8-1

　私は、仲の良い友人から、「リストラされて困っている、当面の生活にお
金が必要だから貸して欲しい。」と頼まれました。私は、「大変だ。お金はで
きた時に返してくれればいいよ。」と言って、現金30万円を渡しました。こ
のとき、いわゆる「借用書」は作っていませんでした。

　1年後、私は、「1年前に貸した30万円を返して欲しい。」と言いましたが、
友人は、「あのときは私を助けるためにお金を恵んでくれたと思っているか
ら、今更、返すつもりはない。」と言って返してくれませんでした。

　私は、友人からお金を返してもらえるでしょうか。

Answer

　あなたが貸金の返還を求める訴訟を提起しても、「あなたが友人にお金を
貸した事実」を客観的に証明する証拠がなく、裁判所を説得できません。

　従って、友人が、困っていたときのあなたの優しさを思い返して、進んで
30万円を返還しない限り、返してもらうのはとても難しいでしょう。

第8章　貸金請求・過払い・債務整理

■ 法律の基礎知識

　お金の貸借りは、法律上、「金銭消費貸借契約」に該当します（民法587条）。同条によると、金銭消費貸借契約の成立には、「返還合意」と「金銭の授受」が必要ですが、書面の作成交付は契約成立の要件ではないので、口約束でも契約は成立します。返還合意には、①期限を定める場合（「●年●月●日までに返す」等）、②不確定期限を定める場合（「出世払いとする」等）、③期限を定めない場合（「いつでもいいから返す」等）があり、貸金返還請求権は、①、②の場合は期限の到来した時、③の場合は履行の請求を受けたときに発生し、以後、履行遅滞となります（民法412条）。

　履行遅滞後は、個人間の貸借では年５％、一方もしくは双方にとって商行為である貸借では年６％、それらを超える割合を合意した場合はその合意割合）を請求することができます（民法415条、同419条、同404条）。

　また、利息請求には、別途、利息に関する契約が必要になります。

　なお、金銭消費貸借契約には、貸金返還請求権を担保するため、不動産を抵当に入れたり（民法369条）、保証人を立てたりすることができますが、保証契約は、書面でしなければ効力がありません（民法446条）。

■ お金を貸す際には「回収」を前提に、必ず事前準備をしておくこと！

　今回は、口約束でお金を貸したことがトラブルの原因となりました。

　法律上、金銭消費貸借契約の成立に書面の作成は要求されていませんが、トラブルを未然に防ぐため、親しい間柄であっても、最低限、①お金を貸した日付、②金額、③貸主と借主の氏名、住所、④返還合意（可能な限り期限を定める）、⑤一定利率の利息（元本と別に利息を取りたい場合）、⑥遅延損害金の割合（民事法定利率を超える割合にしたい場合）を明記した金銭消費貸借契約書を作成しておくことが大切です。また、借主の経済状況に不安がある場合には、十分な資力のある人を保証人にしたり、財産的価値のある不動産等を担保に取ったりするという対策も必要になります。

　しかし、一番は、「信頼できる相手でも、安にお金を貸さないこと。」です。

　貸金を回収することは、弁護士を通じたとしても決して簡単ではないので、お金を貸す際には、「必ず回収すること」を意識しましょう。

65

8-2 ■ 過払金請求

■ Case 8-2

　私は、18歳の頃、クレジットカードで、数万円程度のキャッシングと返済を繰り返していました。30歳になった2010年頃に完済し、ホッとしていたら、テレビCMで、「払いすぎた利息を取り戻せるかも。」とありました。「過払金請求」とは、一体どういうものでしょうか。

Answer

　過払金請求とは、文字どおり、「払い過ぎたお金を請求する」ことです。

　貸金業者からお金を借りる場合、あなたは、必ず、貸金業者との間で、8-1のような「金銭消費貸借契約」を結びます。そして、キャッシング（借入れ）には利息が付きますが、この利息の金利が、法律で定める金利を超えている場合、返済時に、「利息を払いすぎる」という事態が生じます。

　たとえば、100万円の元本に対する利息は、利息制限法で、利率が年15％を超えると無効になると定められていますが（利息制限法１条３号）、この利率を20％と定めた場合、貸金業者との契約に従って、100万円の元本に対して20万円の利息を支払ってしまった場合（この場合、元本の返済は考えないものとします。）、法定金利15％を超えた５％分である５万円が「過払利息」となります。

　そこであなたは、貸金業者に過払利息の返還を請求することができます。

■ 法律の基礎知識

　利息制限法１条は、元本額が①10万円未満の場合は年20％、②10万円以上100万円未満の場合は年18％、③100万円以上の場合は年15％を超える利率の定めは無効と定めています。

　しかし、違法な貸付けについて定めた出資法（正式には、「出資の受入れ、預かり金及び金利等の取締りに関する法律」といいます。）では、年間29.2パーセントを超える金利の貸付けに対してのみ刑事罰を科していました。

　この利息制限法と出資法の上限金利の間（①の場合であれば、年20％から

年29.2％）で定めた金利を、いわゆる「グレーゾーン金利」と呼び、刑事罰を科せられないという理由で、貸金業者は、グレーゾーン金利の範囲（多くの場合は、上限金利の年29.2％）でお金を貸していました。

しかし、貸金業者には、違法無効な金利を受け取る権利はなく、民法703条、704条は、法律上の原因なく利得を得た者に対する返還義務を定めています。

要するに、過払請求権とは、法律上無効な金利に基づく貸金業者による不当利得の返還請求権になります。

なお、出資法の上限金利は、平成22年6月18日から施行された改正出資法により20％に引き下げられたため、それ以降の貸付けに関しては、いわゆる「グレーゾーン金利」は撤廃されました。

■ 「時効」と「分断」に注意！

グレーゾーン金利の時代に、長期間にわたり借入れと返済を繰り返していた場合、過払利息が膨れ上がり、中には数百万円を超える過払金が発生するケースがあります。

今回のケースでも、18歳から30歳まで約12年にわたり、グレーゾーン金利での借入れと返済を繰り返していたのであれば、相当金額の過払金が生じていてもおかしくありません。

しかし、過払金の返還請求権は、貸金業者との間で最終の取引があった日から10年の経過で、時効消滅します（民法167条1項）。

また、一度完済した後、一定期間を経過した後に再度借入れを始めた場合、一度目の取引と二度目の取引が「分断」され、古い取引が早い時期に時効消滅し、過払金の額が減少してしまうこともあります。

過払金の請求は、早めに動くことが肝要です。

参考事例（取引の分断について）

貸主と借主との間で基本契約が締結されていない場合、第一の貸付けに係り発生した過払金は、各弁済が第二の貸付けの前にされたものであるか否かかかわらず、特段の事情のない限り、第二の貸付けに係る債務には充当されません（最判平成19年2月13日民集61巻1号182頁）。

67

8-3 ■ 自己破産

Case 8-3

　私は、年収約150万円のアルバイトですが、家賃を含めた毎月の生活費が足りず、また、大好きなパチンコがやめられず、5社のクレジットカード会社から合計約250万円の借金を抱えてしまいました。また、住民税や国民健康保険料を約15万円滞納しています。どうしたらよいでしょうか。

Answer

　本件では、年収約150万円に対して、借金や滞納金が合計約265万円あり、年収を全て借金に充てても、100万円以上の債務が残りますので、返済を続けることは難しいので、自己破産の申立てが可能です。

　自己破産を申し立てると、裁判所が申立人である債務者（本件では私）について調査した後、「破産開始決定」がなされ、その後、「免責決定」がなされて確定すると、以後、債権者（本件ではクレジットカード会社）は、債務者から債権を取り立てることが出来なくなります。

　免責決定後、債務者は、自己の収入に見合った生活をし、二度と借金をしない生活をするよう心がけることにより、心機一転、新たな生活をスタートすることになります。

　ただし、本件のように、ギャンブルという「浪費」が借金増大の原因となっている場合には、「免責不許可事由」に該当しうるため、破産管財人による手続きが行われることが多く、免責が認められない場合があります。

　また、税金や国民健康保険料などは、「非免責債権」といって、債務者自身が免責されてもなお、支払義務が残ります。

■ 法律の基礎知識

　自己破産は、「債務者と債権者との間の権利関係を適切に調整」し、「債務者について経済生活の再生の機会の確保」を図ることを目的とした手続です（破産法1条）。

　自己破産は、債務者が「支払不能」すなわち、債務の返済が不可能な状況

第8章 貸金請求・過払い・債務整理

が継続する場合に申し立てることができます（破産法2条11項、15条）。

　破産を申し立てられた裁判所は、債権者を調査してその債権額を確定すると共に（破産法115条以下）、債務者の破産申立時の財産（破産財団）を確定します（破産法153条以下）。

　破産財団が、破産手続の費用を支弁するのに不足なときは、破産手続は、開始と同時に終了しますが（同時廃止、破産法216条）、債権者に分配可能な財産があるときは、破産管財人（破産財団を管理する人物）が選任され（破産法74条以下）、破産財団を換価、配当して（破産法184条以下）、破産手続きが終了します。免責の有無を判断するために破産管財人が選任されることもあります。

　破産手続終了後、免責手続に進みますが、ここでは、債務者に、免責不許可事由があるか審査され（破産法252条1項）、該当する場合には免責不許可となる場合があります。但し、免責不許可事由があっても債務者の反省等の事情を考慮し、裁判所が裁量で免責を許可する場合があります（同条2項）。免責許可決定が確定すると、破産者は、債務弁済の責任を免れることになりますが、租税等一部の債権には、この効力が及びません（破産法253条1項）。

■ 自己破産によるメリット・デメリット

　自己破産をすると、次のメリットがあります。

1　免責を得ることで借金の重荷がなくなり、経済的に生活を立て直せる。
2　借金の取立てが止まり、精神的な不安が解消される。
3　破産した情報は官報という冊子に掲載される他（一般の人はまず見ない。）、戸籍にも載らず、勤務先や家族にも通知されないので、これまでどおりの日常生活が送れる。

　他方、次のデメリットがあります。

1　信用情報（「ブラックリスト」）に情報が載り、約10年は、新規クレジットカードが作れない、ローンが組めない等信用取引ができない。
2　自己名義の不動産や車等の高価な財産（時価20万円以上）が処分される可能性がある。
3　信用や金融を扱う職業に一定期間就けなくなる。

69

8-4 ■ 個人再生

Case 8-4

私は、年収約350万円のサラリーマンです。15年前に30年ローンで自宅を購入しましたが、不況によるボーナスカットで、当時よりも収入が減り、約1800万円残っている月10万円のローンの返済がきつくなりました。また、病気で働けない妻との間に2人の子供を授かったので、生活費等を支払うと、私の収入では、家族4人が食べていくことすら難しい状況です。カードローンも利用し、その額は約300万円になりました。借金整理の方法はありますか。

Answer

本件では、350万円の収入に対して、住宅ローンを含めた借金が約2100万円あるため、支払不能のような状態になっています。そこで、8-3で検討したように、自己破産を検討する余地が十分にあります。

しかし、本件では、自宅を所有しており、病気の妻と未成年者2人を抱えているので、自己破産をして自宅を売却されると、引越しを余儀なくされ、生活がますます大変になります。

幸いにして、債務者には安定した収入（月額約30万円）がありますので、この場合には、自己破産ではなく、「個人再生」を利用する事が出来ます。

また、「住宅ローン特則」を付けることで、自己破産手続きのように自宅を手放すことなく、住宅ローン以外の債務を減らすことにより、原則として3年間で完済する再生計画を立てることになります。

そして、再生計画が裁判所に認められれば、そのとおり債務の弁済をすることで、残額を免除してもらうことができます。

■ 法律の基礎知識

小規模個人再生は、「個人である債務者のうち、将来において継続的に又は反復して収入を得る見込みがあり、かつ、再生債権の総額（住宅ローン等を除く）が5000万円を超えない」場合に、利用する事の出来る債務整理手続です（民事再生法221条）。

第8章　貸金請求・過払い・債務整理

　再生手続きを申し立て、裁判所が申立開始の決定をすると（民事再生法33条）、債権者の調査（民事再生法84条以下）及び債務者の財産調査（民事再生法124条以下）がなされます。

　その後、債務者は、現在の収入により原則として３年間で完済出来る再生計画を立てることになりますが、その際には、債務額に応じて「最低弁済額」が次のように定められており、これを下回る債務額での返済計画は立てられません（民事再生法231条）。
・債務額が100万円未満の場合、その全額
・債務額が100万円以上500万根未満の場合、100万円
・債務額が500万円以上1500万円未満の場合、その５分の１
・債務額が1500万円以上3000万円未満の場合、300万円
・債務額が3000万円以上5000万円以下の場合、その10分の１

　また、住宅ローンがあるが、自宅を残したい場合には、住宅ローン特則（正式名称は、住宅資金貸付債権に対する特則：民事再生法196条以下）を利用する事も出来ますが、この場合、住宅ローンは、従前通りの支払い額がそのまま残ることになります。

■ 個人再生によるメリット・デメリット

　個人再生をすると、次のメリットがあります。
1　債務額が大幅に減るので、月々の返済が軽くなり、生活が立て直せる。
2　借金の取立てが止まり、精神的な不安が解消される。
3　破産した情報は官報という冊子に掲載される他（一般の人はまず見ない。）、戸籍にも載らず、勤務先や家族にも通知されないので、これまでどおりの日常生活が送れる。
4　破産手続きのように自宅を手放すことなく、債務整理ができる。
　他方、以下のデメリットがあります。
1　そもそも、安定した収入がある等の要件を満たさないと利用できない。
2　信用情報（「ブラックリスト」）に情報が載り、約10年は、新規クレジットカードが作れない、ローンが組めない等信用取引ができない。
3　再生計画が認可されなければ、自己破産を選択せざるを得ない。

71

第9章

刑　　　　事

イントロダクション

　　皆さんは、刑事事件というと、自分は犯罪なんてしないから無関係とお考えになるかと思います。しかし、刑事事件では被疑者・被告人といわれる、いわゆる犯罪者として関与する以外にも、自分の親族や知人が犯罪を行ってしまった場合や、事件の被害者として関与することもあるでしょう。また、近年新しくスタートした制度として裁判員制度もあり、裁判員として被告人を裁く立場になることもあり得ます。このように、刑事手続きといっても多種・多様な関わり合いの形があり、各立場においてその刑事手続き上の立場も区々です。このような地位に突然なってしまった場合に自分にどのような権利が認められ、何をしなければならないのかということを知っておくことによってある日突然やってくるその日に備えておくことも重要なのかもしれません。

9-1 ■ 身柄拘束されたら

Case 9-1

　　私は、コンビニエンスストアで万引きをして、その場で店員に見つかって警察に逮捕されてしまいました。今後どのようなことになるのでしょうか。

Answer

　　万引きというと犯罪という意識がそれ程高くないかもしれませんが、万引きは窃盗罪（刑法235条）に該当する立派な犯罪です。現在あなたは逮捕されていますので、最長で23日間身体拘束が継続し、そのうえで、検察官が起訴するか否かを判断します。

　　あなたを起訴すると検察官が判断した場合には、裁判所があなたを引続き勾留する必要があると考えれば判決がなされるまで身体拘束が継続するこ

とがあります。もっとも起訴された後は保釈という制度もありますので保釈金を裁判所へ納めれば身柄拘束から解放される可能性があります。

■ 法律の基礎知識

警察官は留置の必要性のある被疑者を逮捕したら48時間以内に検察官に対して被疑者を送致しなければなりません（刑事訴訟法203条1項、以下「刑訴法」という）。そして、検察官は警察官から被疑者を受取ったときで引続き被疑者を留置する必要があると考える場合には24時間以内に裁判官に勾留請求をしなければなりません（刑訴法205条1項）。そして、この勾留がなされた場合には原則として10日間勾留が継続し（刑訴法208条1項）、「やむを得ない事由」がある場合にはさらに10日以内の勾留がなされる場合があります（刑訴法208条2項）。

また、起訴後の勾留については初回のみ2か月間の勾留がなされ、その後は1か月ごとに更新されます（刑訴法60条）。

保釈（刑訴法88条1項）については裁判所の定める金額の保釈金を積まなければなりません（刑訴法93条1項）。

■ 被疑者・被告人の権利等

被疑者・被告人には弁護人を選任する権利（憲法34条、37条3項、刑訴法30条1項）や黙秘権（憲法38条）が保障されております。また、実質的に被疑者・被告人の弁護人選任権を保障するために、当番弁護制度や、国選弁護制度が存在します。

当番弁護制度は、弁護士会に対し、弁護人を派遣するよう依頼できる制度です。

また、国選弁護制度は、被疑者段階及び被告人段階でその要件が異なります（刑訴法36条、37条の2）。

逮捕されている場合には接見禁止（刑訴法81条）が付けられていたり、差入れができるものが制限されていたり、接見の回数・時間について制限されることがありますので、あらかじめ逮捕されている警察署等へ確認しておくと良いでしょう。

9-2 ■ 少年事件

Case 9-2

私の16歳になる息子が昨日窃盗事件を起こしたということで警察に逮捕されてしまいました。今後、息子はどのようなことになるのでしょうか。また、弁護士に相談したいと思うのですが、費用はどのぐらいかかるのでしょうか。

Answer

現在あなたの息子さんは、成人の刑事事件と同じ逮捕・勾留段階にあると考えられます。現段階では通常の成人の被疑者と同じように捜査の対象とされ、最長で23日間の取調べを受けることになります。その後は成人の刑事事件の手続とは異なり、全ての事件が家庭裁判所へ送致され少年審判を受けることになります。家庭裁判所への送致の時点で、家庭裁判所が観護措置を取る必要があると判断した場合、息子さんは少年鑑別所へ移送されます。観護措置が取られた場合には大抵の場合4週間以内に審判が開かれ、息子さんの処分が決定されます。この4週間の間に、家庭裁判所の調査官によって調査が行われ、どのような処分が息子さんに対して適切か判断されます。

弁護士費用については、窃盗事件ですと、〈被疑者国選対象事件〉となりますので、国選弁護人が付いた場合家庭裁判所へ送致されるまでは費用を負担しなくてよい可能性が高いと思われます。その後、国選付添人が家庭裁判所によって選任された場合には〈国選付添人〉の費用を負担しなくてよい可能性が高いと思われます。国選付添人が家庭裁判所によって選任されなかった場合でも、法テラスの少年保護事件付添援助を利用することが可能です。この援助制度は観護措置が取られなくとも利用可能です。また、この弁護士費用は息子さんが申込人となる限り原則償還不要です。

■ 法律の基礎知識

20歳に満たない少年が逮捕・勾留された場合、検察官は犯罪の嫌疑があると考える事件は全て家庭裁判所へ送致します（少年法42条1項いわゆる全件送致）。家庭裁判所は審判に付するのが相当でない場合等には審判不開始と

第9章　刑事

することができます（同法19条1項）。家庭裁判所へ送致された場合に裁判所は観護措置を取るか否かを決定し、少年鑑別所へ送致されます（同法17条1項）。少年鑑別所への収容期間は2週間ですが（同条3項本文）、ほとんどの場合1回の更新がなされます（同項但書）。

少年審判においては、不処分（同法23条2項）、保護観察（同法24条1項1号）、児童自立支援施設又は児童養護施設送致（同項2号）、少年院送致（同項3号）、児童相談所送致（同法23条1項、18条1項）、検察官送致（同法23条1項、20条1項）、中間的な決定としての試験観察（同法25条1項）のいずれかが少年の保護として適切かを判断します。

■ あなた自身がとるべき行動

まずは、息子さんと面会していただくことが重要であると考えます。息子さんの身の回りの物等必要なものを同時に差入れされると良いと思います。また、勾留、少年鑑別所問わず、息子さんとの面会はできる限り行っていただきたいと思います。息子さんとしては初めて逮捕され留置所等で一人で大変心細い思いでおりますので、親御さんの面会によって安心できると思います。

その他については、示談等を弁護士を通じて行わなければなりませんので、弁護士からの連絡をお待ちください。

今後、調査官から家庭環境についての調査がありますので、調査に協力してください。また、息子さんの家庭環境として就学・就職等の用意をしていただくことがございます。

また、少年審判が行われる日には家庭裁判所へ出頭していただくことになります。裁判官から今後の事などについて質問される場合もございますので、事前に不安な点があれば弁護士にご相談されておくと良いと思います。

参考事例

少年法61条はいわゆる推知報道を禁止しております。そして、推知報道に該当するか否かについては、「記事等により、不特定多数の一般人がその者を当該事件の本人であると推知することができるかどうか」を判断基準としております（最判平成15年3月14日民集57巻3号229頁）。

75

9-3 ■ 犯罪被害者等になったら

Case 9-3

先日、私の息子が原動機付自転車で優先道路を走っていたところ、車が横から急に飛び出してきて、息子は避けきれずに車と接触し、大怪我を負いました。何でも車の運転手は、相当量の飲酒をしていたようで、検察官からは車の運転手を危険運転致傷罪で起訴しようと考えているとの連絡をもらいました。息子は大事には至りませんでしたが、一歩間違えば大変なことになっていたと思います。車の運転手の方にはしっかりと反省して欲しいですが、今後の手続に息子や私が関与することはできるのでしょうか。今後の手続きについてどのようなものがあるのか教えてください。

Answer

運転手が危険運転致傷罪に該当すると判断され、起訴された場合には、被害者参加制度を利用して、裁判に参加することが可能です。

運転手が何らかの理由で不起訴となった場合には検察庁から不起訴の内容とその骨子が通知される被害者等通知制度があります。別途、不起訴となったことについて不服がある場合には、検察審査会への申立をすることもできます。

起訴後には被害者等として公判記録を閲覧したり、損害賠償命令の申立をすることもできます。

裁判手続とは関係ありませんが、犯罪被害者等給付金制度を利用することによって、一部損害の補填を受けることも可能です。

■ 法律の基礎知識

被害者参加制度（刑事訴訟法（以下「刑訴法」という。）316条の33）は、被害者等からの申出により故意の犯罪により人を死傷させた罪（同条1項1号）、刑法第百176条から第178条まで、第211条、第220条又は第224条から第227条までの罪（同項2号）、前号に掲げる罪のほか、その犯罪行為にこれらの罪の犯罪行為を含む罪（第1号に掲げる罪を除く。）（同項3号）自動車の

運転により人を死傷させる行為等の処罰に関する法律第4条、第5条又は第5条第3項若しくは第4項の罪（同項4号）、第1号から第3号までに掲げる罪の未遂罪（同項5号）に該当する場合に被告事件への被害者の参加を認めるものです。被害者参加人として参加する場合には、証人又は被告人に対して、情状に関する事項について尋問等を行うことができます（刑訴法316条の36、37）。被害者参加人は弁護士に委託して被害者参加をすることもできるが、その費用を負担することができない場合（犯罪被害者等の権利利益の保護を図るための刑事手続に付随する措置に関する法律（以下「被害者保護法」という。）5条）には、国の費用負担で被害者参加弁護士を選任してもらうことが可能です。

　また、被害者保護法3条によって係属中の事件の記録を閲覧・謄写をすることが可能です。

　被害者等通知制度は、起訴不起訴の処分結果の通知や、公判期日、判決及び上訴の有無等の情報を検察庁等を通じて受けることができます。また、刑事裁判が終了し、被告人が刑務所へ服役した場合には、受刑に関する情報、刑の終了時期等を通知してもらうことが可能です。

　損害賠償命令（被害者保護法26条1項各号）を利用すると、刑事事件を審理した裁判体がそのまま民事事件の審理も行う（同法24条）ことになり、被害者の方への負担が軽減されるよう制度化されています。

　犯罪被害者等給付金制度の対象となる事件は、日本国内又は日本国外にある日本船舶若しくは日本航空機内において行われた人の生命又は身体を害する罪に当たる犯罪行為（過失を除く。）による死亡、重傷病又は障害であり、緊急避難による行為、心身喪失者又は刑事未成年者の行為であるために刑法上加害者が罰せられない場合も給付の対象となります。請求権には2年間の時効及び7年間の除斥期間がありますので注意してください。

■ あなた自身がとるべき行動

　犯罪被害者となったからといって上記の制度の利用が義務付けられるわけではありません。被害者の方の刑事事件への関わり方はそれぞれですので、後悔しないようにじっくりと考えていただくことが重要だと思います。

9-4 ■ 裁判員になったら

Case 9-4

　私のところへ「裁判員候補者名簿への記載のお知らせ」という通知が、突然、最高裁判所から送られてきました。私は裁判員として裁判所へ行かなければならないのでしょうか？私は会社を経営しているのですが、会社は私一人で切盛りしているため、会社を長期間、留守にすることはできません何とかならないでしょうか？

Answer

　現在あなたは裁判員候補者名簿に登録されただけであり、まだ、担当する裁判員裁判の事件が決まったわけではありません。

　裁判員に選ばれるかについては、通知が送られてきた翌年の1月1日から12月31日までに、裁判員候補者として改めて個別の事件での選任予定者を選出したうえで、裁判所に裁判員候補者を集めて、面談等を行い、最終的に個別事件の裁判員として選任された場合に裁判員となります。

　ただ単に仕事が忙しくて裁判所へ行くことができないという理由だけでは裁判員の辞退は認められない可能性がありますが、あなたでなければできない仕事である場合には、裁判員の辞退が認められる場合があります。

■ 法律の基礎知識

　裁判員裁判は、「死刑又は無期の懲役若しくは禁錮に当たる罪に係る事件」（裁判員の参加する刑事裁判に関する法律（以下「裁判員法」という。）2条1項1号）「裁判所法第26条第2項第2号に掲げる事件であって、故意の犯罪行為により被害者を死亡させた罪に係るもの（前号に該当するものを除く。）」（裁判員法2条1項2号）に該当する罪の場合にのみ裁判員が参加して行われます。

　裁判員の辞退理由としては、裁判員法16条が定めており、加齢や病気、要介護者、過去に裁判員候補者になっていたこと、葬儀等の社会生活上の重要な用務等が辞退理由としては規定されております。また、事件の関係者とし

第9章　刑事

て、被告人やその家族、被害者やその家族、証人等は当該具体的な事件に関してのみ裁判員になることができません（裁判員法17条各号）。

　裁判員になった場合に、実際に法廷に行かなければなりませんが、裁判員裁判に参加するために会社等を休んだとしてもこれを理由に解雇等の不利益な取扱いをしてはならないと定められております（裁判員法100条）

　裁判員には「評議の秘密その他の職務上知り得た秘密を洩らしたとき」等には秘密漏示罪として刑事処罰の対象となります（裁判員法108条）。判決の結果等は一般に公開されるものですので、この秘密には該当いたしませんが、裁判員裁判に関することを話す時は十分にご注意ください。

　裁判員候補者には裁判所からの呼出に対して出頭しなければならない出頭義務があります（裁判員法29条１項）。これに違反すると過料の制裁（裁判員法112条各号）を受けることとなります。

■ あなた自身がとるべき行動

　現時点では、あなたは裁判員候補者名簿に登載されただけでありなにか直ぐにしなければならないことがあるわけではありません。調査票が裁判所からの書類に同封されておりますので、裁判員の辞退事由に該当する場合には調査票に記入して裁判所へ返送することによって裁判員として裁判所への呼び出しを行わないようにしてくれるので、調査票のアンケートに該当する場合にはその旨記入したうえで返送してください。

> **参考事例**
>
> 　1審が裁判員裁判対象事件として審理され、裁判員を含めた裁判体としての結論は無罪となった事例（千葉地判平成22年6月22日）に対して検察官が控訴し、2審では裁判員を含まない裁判体で判決をした結果、逆転で有罪判決となりました（東京高判平成23年3月30日）。これに対して、被告人が上告し、再度逆転無罪となった事例があります（最判平成24年2月13日）。
>
> 　この判決の中で、判例は控訴審において事実誤認といえるためには、第1審判決が行った証拠の信用性評価や証拠の総合判断が論理則，経験則等に照らして不合理といえるかという観点から判断するように示しています。

79

第10章

近 隣 ・ 学 校

イントロダクション

　人は、生活するうえで居所が必要となります。その方法としては、他人から土地を購入して家を建てることもあれば、建物を賃貸する等、様々な方法が考えられます。そのいずれの方法をとるにしろ、ほとんどのケースでは近隣の人との関わりが必要不可欠であり、だからこそトラブルが生じることも多々あります。

　また、多くの人は家庭をもっており、子供が学校に通っていると思いますが、当然のことながら、学校には多種多様な人々が存在するので、人間（子供）関係でトラブルが生じることもあります。

　本章では、そのような人間関係に関わるトラブルのうち、近隣関係及び学校内におけるトラブルの解決方法についてみていきたいと思います。

10-1 ■ 境界問題

Case 10-1

　私は、これまで妻と子供2人で賃貸アパートに住んでいましたが、子供2人が大きくなってきたこともあり、土地を購入して家を建てることにしました。そこで早速、土地を購入し、家を建てることになったのですが、工事の途中、隣の土地の所有者という人がやってきて、土地の境界線をはみ出して家が建っていると主張してきました。その人の主張する境界は、土地の売主の説明とは全く違うもので、私としても納得がいきません。どのように解決すればよいのでしょうか。

Answer

　一つにはその隣人の方としっかり話し合って境界を合意することが考えら

第 10 章　近隣・学校

れます。話し合いで決まりそうにないのであれば、境界確定訴訟を提起して裁判所に境界がどこか決めてもらうことになるでしょう。

■ 法律の基礎知識

　私人間の法律関係については、基本的に民法において定められています。そして、民法においては境界標の設置（民法223条）とその費用負担（民法224条）についての定めはありますが、隣接する土地の境界について争いとなった場合、どのような基準で認定するのかについての規定は存在せず、民事訴訟法等の訴訟法でもそのような裁判手続を定めた規定がありません。

　そこで、判例上、境界確定の訴えという訴訟を提起することが認められています。この訴訟の性質については争いがあるところですが、判例上、裁判所が当事者の主張に拘束されることなく、判決によって、創設的に境界を確定するものであるとされています（形式的形成訴訟）。

　しかし、訴訟である以上、紛争解決まで長期化することが避けられないこと等のデメリットも存在します。そのような中、筆界特定制度が立法化されました。この制度は、専門家である筆界調査委員の知識を活かして、筆界特定登記官が簡易迅速に筆界の特定を行うものです。この制度で作成された資料については、境界確定訴訟で活用することもできるので、迅速な紛争解決が期待できるようになっています。

■ 対処方法

　筆界特定制度を利用して資料を収集した上で、境界確定訴訟を提起し、その資料を活用して、裁判官に判断してもらいましょう。ただし、隣人の方とは今後も付き合うことになるので、できる限り、協議で解決したほうがよいと思います。

10-2 ■ 通行権

Case 10-2

　私は、建設会社を営んでおり、資材置き場として利用するため、甲土地を購入しました。ところが、後で分かったのですが、甲土地は袋地になっており、甲土地を出入りするためには隣接する乙土地、丙土地を通らなければなりません。このような場合、他人の土地を、その土地の所有者に無断で通ることは可能なのでしょうか。この場合、乙土地、丙土地のどちらの土地についても、自由に通り抜けることが可能なのでしょうか。

Answer

　袋地の土地の所有者には、隣地通行権が認められていますので、適当な方法で通行することが可能です。ただし、隣接するどの土地も自由に通行してよいと言うわけではありません。

■ 法律の基礎知識

　たとえ袋地の所有者であるとしても、民法の原則からすると、他人の土地を勝手に通行することは、その土地所有者の所有権侵害となるはずです。しかし、それでは、袋地の所有者が気の毒ですし、そのような土地は誰も使いたがらないですから、袋地の経済的価値にも影響がでてきます。この場合、隣地所有者との合意により、隣地に通行地役権（民法280条）を設定することも考えられますが、袋地の利用促進という観点から、袋地所有者が法律上当然に隣地を通行することができる囲繞地通行権を認めました（民法210条1項）。

　しかし、袋地所有者は、自分の好きな場所・方法で通行することができるわけではなく、損害が最も少ないものを選ばなければなりません（民法211条1項）。また、損害が生じた場合には、償金も支払う必要があります（212条本文）。

　さらに、甲土地が、丙土地を分割したことによって袋地となった場合には、丙土地のみを通行することができ、乙土地を通行することはできません（民

第 10 章　近隣・学校

法213条１項)。但し、この場合は、償金の支払いは不要です(同条同項但書き)。

　分割による袋地の発生に関係していない土地（この例でいうと乙土地）に対し、通行の負担という不利益を及ぼすべきではないからです。これは、分割後に丙土地を第三者に譲渡した場合でも同様です（最高裁平成２年11月20日第三小法廷判決)。

　本ケースでは、袋地の所有者の視点で解説していますが、逆に言うと、袋地に隣接する土地（乙土地、丙土地）の所有者は、袋地所有者が民法の規定に従って通行している以上、その通行を拒否することはできませんので注意が必要です。

■ 対処方法

　このように、袋地所有者であるあなたには囲繞地通行権が認められていますので、最も損害の少ない場所・方法を選択して、乙土地、丙土地のいずれかを通行することができます。しかし、「最も損害の少ない方法」というものが非常に曖昧であるため、隣地所有者との間で、後日、トラブルになるおそれも否定できません。したがって、法律上、囲繞地通行権が認められているからと言って、隣地所有者に何の相談もなく通行することは得策とは言えませんので、一言、相談したうえで、トラブルの生じないようにするのがよいと思います。

83

10-3 ■ 騒音

Case 10-3

　私は、現在の家に住み始めてから5年経ちました。これまでは、閑静な住宅街で非常に住み心地がよかったのですが、1か月前に、近くにカラオケボックスが出来てからは、騒がしくて夜も眠れません。このカラオケボックスに対して何らかの措置を要求することは可能でしょうか。

Answer

　カラオケボックスがもたらす騒音が、社会共同生活における受忍限度を超えているといえる場合には、差止めないし損害賠償の請求をすることができる場合があります。

■ 法律の基礎知識

　人は、個人として人格の尊厳を維持して生活するうえで保護されるべき様々な利益を有しています。これを、一般的に人格権といい、例として名誉やプライバシーが挙げられます。そして、本ケースのような平穏な生活を送る権利についても、人格権の一つとして当然に認められていることから、騒音等によってその生活が侵害されていると認められる場合には、人格権侵害を理由として、その行為の差止めや、損害賠償の請求をすることが理論上可能です。

　他方で、本ケースでいうカラオケ店のような騒音を発する側としても、適法に営業許可申請をとって行っている以上、基本的には文句を言われる筋合いはないはずです。このように、一口に騒音による人格権侵害とはいっても、双方の利益について調整を図る必要があるわけです。

　現在の実務は、受忍限度論という考え方を前提としています。受忍限度論とは、不法行為の成否は、生じた結果が社会的共同生活における受忍限度を超えているかどうかという基準によって判断するというものです。したがって、本ケースにおけるカラオケ店の騒音が、受忍限度を超えていると言えるかどうかが差止め請求や損害賠償請求が認められるかのポイントとなるわけ

84

第10章　近隣・学校

です。

　ここで注意してほしいのは、人によって音に対する評価は異なるものなので（例えば、犬の鳴き声について、犬が好きな人にとってはそれほど気になるものではありませんが、犬が嫌いな人にとってはかなり苦痛に感じるでしょう。）、自分はうるさい（騒音）と感じるからと言って、それが、直ちに受忍限度を超えるものと判断されるわけではありません。あくまでも社会通念に照らして判断されます。

　そして、一般的に、受忍限度を超える騒音と評価できるか否かについては、加害行為の性質・程度、被害の内容・程度、地域状況、加害者側の被害回避努力の内容・程度等を考慮したうえで判断されます。

　本ケースは夜間ということもあり、人が社会生活を送るうえで睡眠をとることは必要不可欠であることから、それが妨害される程度のものであれば、受忍限度を超えると判断される可能性は高いと思われます。

　なお、受忍限度を超えているかの判断については、各都道府県が、条例によって規制基準を定めている場合がほとんどであるので、その基準値が参考になります。

■　対処方法

　カラオケ店の発する騒音が、受忍限度を超えていると認められるのであれば、カラオケ店に対して夜間の利用を禁止するよう差止めを求めたり、過去の精神的苦痛についての損害賠償請求の訴訟を提起することが考えられます。但し、訴訟を提起するとなると、判決まで1年以上かかることもあるため、使用差止めの仮処分を行っておくことをおすすめします。

> **参考事例**
>
> 　カラオケ店から生じた騒音について、人格権に基づく夜間使用の差止め及び損害賠償請求が認められた事例があります（札幌地裁平成3年5月10日判決）。

85

10-4■学校トラブル

Case 10-4

　私には、現在、小学校3年生になる息子がいます。小さいときからうっかり者で、よく学校に忘れ物をしてくると担任の先生から聞いています。

　最近、息子から学校生活について話を聞いたところ、息子が忘れ物をする度に廊下に立たされていると聞きました。忘れ物をする息子にも落ち度があるのは承知していますが、いくらなんでも毎回廊下に立たせるのは度が過ぎているのではないでしょうか。これって、いわゆる体罰には当たらないのですか？

Answer

　一般的に、廊下に立たせるという程度では「体罰」には当たりませんが、肉体的苦痛を伴う態様である場合には、「体罰」に当たる可能性もあります。

■ 法律の基礎知識

　「体罰」に関する問題は、深刻な社会問題となっています。教師による「体罰」に対する世間の目が厳しくなっており、教師側も「体罰」に対してとても慎重になっています。このように、現在の「体罰」の問題は、生徒側のみならず、教師側にとっても悩ましい問題となっています。

　さて、教師は、生徒に対する懲戒権を有しています（学校教育法11条本文）が、「体罰」は認められていません（同条但書）。そして、「体罰」とは、一般的に身体に対する侵害を内容とするものや（例：生徒を殴る）、生徒に肉体的苦痛を与えるもの（例：生徒をトイレに行かせない）が、「体罰」であると考えられています。もっとも、これらの行為が、直ちに体罰と評価されるものではなく、諸般の事情を考慮して、教育的指導の範囲を逸脱するものか否かという観点から判断されます。実際の事案では、悪ふざけ（女子数人を蹴っていた。）をしていた当時小学校2年生の男児が、先生に注意されたところ、男児がその先生の臀部を2回蹴ったことから、先生が逃げる男児を追い掛けて男児の胸ぐらをつかみ壁に押し当て、大声で「もう、するなよ。」

86

と注意した事案につき、男児が悪ふざけを行っていたことに対する注意（指導）のために行われたものとして、その目的、態様、継続時間等から「体罰」にはあたらないと判断されています（最高裁平成21年4月28日第三小法廷判決）。本ケースのように反省を促すために廊下に立たせるという程度では、一般的に「体罰」とまでは認められにくいと思われます。

　しかし、ただ廊下に立たせるだけでなく、漫画であるようにバケツに水を入れた物を持たせたり、空気イスの状態で立たせるような態様で、長時間、かつ、多数回にわたる場合には、生徒に肉体的苦痛を与えることになり、実効性という観点からも「体罰」に当たる可能性があります。

　本ケースでは、具体的な状況は明らかではありませんが、忘れ物をする度に廊下に立たされているということなので、肉体的苦痛を伴うものとして、懲戒権の範囲を逸脱した「体罰」に該当する可能性があります。

■ 対処方法

　本ケースにおける教師の行為が「体罰」に該当する場合、違法な懲戒権の行使として、学校（公立であれば地方公共団体）に対して損害賠償（慰謝料）請求を行うことが可能ですので、支払いに応じなければ訴訟の提起という選択肢もあります。しかし、このような問題は、お金の問題とは言えないですし、息子さんが、今後も同校に通い続けることも考えると、訴訟を提起する等して大事にするのも得策とは言えません。校長先生や担任の先生と機会を設けて、じっくり協議する方がよいのではないでしょうか。権利があるから訴訟を起こすということだけが全てではありませんから、いかなる解決方法が息子さんのためになるかを考えたうえで、方向性を検討してもらいたいと思います。

第11章
インターネット問題

イントロダクション

　「インターネット」は、我々の生活に欠くことの出来ないものとなっています。誰でも、いつでも、どこででも、インターネット上のウェブサイトを閲覧したり、インターネット掲示板（以下この章において、「ネット掲示板」と言います。）に投稿したりすることが出来るようになりました。

　それに伴い、インターネットに関連した法律相談も急増しています。

　そこでこの章では、インターネット特有の法律問題を取り上げます。

11-1 ■ ネット上で誹謗中傷された場合　その1

Case 11-1

　インターネットで私が経営している店の名前を検索したところ、ネット掲示板に店のことや私自身のことを誹謗中傷する書込が投稿されていました。もちろんそこに書かれていた内容は事実無根のことばかりです。

　このような投稿を止めさせるにはどうすれば良いでしょうか。

Answer

ネット掲示板で誹謗中傷された場合、次の3つの対策が考えられます。

① 　ネット掲示板の管理者に書込の削除を求める

② 　投稿した者に対して名誉毀損を理由として損害の賠償を求める

③ 　投稿した者を警察に刑事告訴する

　警察であれば、強力な捜査権限により、書き込みをした者（以下この章において、「投稿者」と言います。）を短期間で特定することが出来ます。もっとも犯罪を予告するような内容や名誉権・プライバシー権を著しく侵害する内容でなければ警察は捜査に乗り出さないことが多いため、③の手続をとる

ことは困難です。

　また①の方法により書込を削除してもらえる場合もありますが、削除後に新たに投稿されてしまうこともあり、根本的な解決にはなりません。

　そのため、最も効果的な方法は、②投稿者を特定した上で損害賠償等を求めるという方法になるでしょう。

■ 法律の基礎知識

　ネット掲示板に人の誹謗中傷する内容の書込を投稿すると書き込まれた人の名誉権や名誉感情を侵害したことになりますので、その損害を賠償しなければならないのが原則です。いわゆる「名誉毀損」です。

　ところがネット掲示板の特徴は、一見して、どこの誰がその書込を投稿したのかが分からない点にあります。

　そのため、ネット上でいわれのない誹謗中傷を受けた場合に投稿者に対して損害賠償を求めるには、まず問題の書込を投稿した者を特定する必要があります。

　そのための手続が、「発信者情報開示手続」です。

■ 発信者情報開示の方法

　投稿者を特定するには、まず［1］書込が投稿されている「ネット掲示板の管理者」に対し、問題となっている書込の「IPアドレス」等を問い合わせる必要があります。

　その上で、［2］「IPアドレスを管理しているプロバイダ」（ドコモやOCN等）に対して、問題となっている書込の「投稿者の情報」（氏名、住所、携帯電話番号等）を明らかにするよう求めることになります。

　これらの手続を経て、ようやく投稿者の氏名や住所が明らかになります。その上で、投稿者に対して、名誉毀損等を根拠とする損害賠償を請求することができるようになるのです。

11-2 ■ ネット上で誹謗中傷された場合 その2

■ Case 11-2

掲示板に書き込んだ者（投稿者）を特定するには、どのくらいの時間が必要となりますか？

Answer

投稿者を特定するには、最低でも4ヵ月程度が必要となります。

■ モデルケース

投稿者を特定するには多くの場合、まず、［1］ネット掲示板の管理者に対し「ＩＰアドレス」の開示を求める仮処分を裁判所に申し立てる必要があります。

次に［2］ＩＰアドレスを管理しているプロバイダに対して、「投稿者の氏名や住所等」の開示を求める訴訟を起こし、判決をもらわなければなりません。それぞれの手続きにかかるおおよその目安は、次のとおりです。

【1】仮処分（申立てから決定まで、約1か月～2か月間）

　　1月15日　仮処分の申立て

　　1月26日　裁判官との面談

　　2月10日　管理者と申立人からの事情聴取（審尋期日）

　　　　　　　担保金額が決まり、担保金を納付します。

　　2月16日　決定が郵送され、ＩＰアドレスが明らかになります。

【2】発信者情報開示請求訴訟（訴訟提起から判決まで、少なくとも約3か月間）

　　3月1日　プロバイダを相手に発信者情報開示の訴訟を提起

　　3月20日　1回目の裁判期日

　　4月20日　2回目の裁判期日

　　6月1日　判決の言渡し

このように、【1】仮処分の申立てから、【2】の訴訟の判決が言い渡され

90

第11章　インターネット問題

るまで、最短で4か月程度が必要になります。

　ＩＰアドレス等がプロバイダを保存されている期間は、短いところだと3か月ほどですので、誹謗中傷の書き込みを見つけた場合には、速やかに手続きに入る必要があります。

11-3 ■ ネット上で誹謗中傷された場合　その3

Case 11-3

　掲示板に書き込んだ者（投稿者）を特定するには、どのくらいの弁護士費用がかかるのでしょうか？又、投稿者からいくらくらいの賠償を受けることができるのでしょうか？

Answer

　これまで説明してきた通り、投稿者を特定するには、多くの場合、二度の裁判を経なければなりません。

　そしてその手続を弁護士に依頼した場合、少なくとも50万円、多い場合には80万円程度の弁護士費用が必要となります。

　これに対して、名誉毀損を理由とする損害賠償の金額は、さほど高額にはなりません。

　投稿の内容や個数にもよりますが、判決で損害賠償の額が100万円を超えることは稀でしょう。

　もっとも最近の裁判例では、発信者情報開示手続にかかった費用を、投稿者に負担させるという判決も下されています。

　又、発信者情報開示手続がなされると、プロバイダから投稿者に対して、「発信者情報を開示しても良いかどうか」を問い合わせる通知が発送されますので、それ以後の新たな投稿を防ぐ効能もあるでしょう。

　発信者情報の開示が認められるかどうか、そして損害賠償の額は、投稿内容によって大きく左右されます。

　速やかに専門家にご相談することをオススメします。

91

11-4 ■ ネット上に投稿してしまった場合

■ Case 11-4

　ネット掲示板での議論が白熱して、相手を傷つけるような書込を投稿してしまいました。

　その後しばらくして、プロバイダから、「発信者情報開示に係る意見照会書」という書類が届きました。今後、どうすれば良いのでしょうか。

Answer

　照会書が届いたと言うことは、あなたの投稿により名誉やプライバシーを侵害されたと考えた人が、「どこの誰がその投稿をしたのか」を調べていることを意味します。

■ 法律の基礎知識

　これまで繰り返し説明してきたとおり、インターネット掲示板などに書きこんだ人を特定するには、まず［１］掲示板を管理者するプロバイダに対する仮処分で書込のＩＰアドレスを明らかにし、次に、［２］ＩＰアドレスを元に割り出したプロバイダを相手取って裁判を起こす必要があります。

　そして［２］の裁判で、プロバイダに対して「発信者情報（＝どこの誰が、書き込みがあった当時、そのＩＰを使用していたか）を開示せよ」との判決が下りますと、問題とされている書込が、誰によって書き込まれたものかが判明します。

　［２］の手続きの途中でプロバイダは、投稿者に対して、「このような開示請求がされていますが、開示しても良いですか？」と問い合わせをしなければなりません。

　その問い合わせが、「照会書」というわけです。

　照会書には回答書が同封されていて、「開示しても良いかどうか」を２週間以内で回答するよう求められることになります。

92

第 11 章　インターネット問題

■ その後の経過

　参考までに、実際に起こった事件をモデルとして、以後の手続きとその日程をご紹介します。

　（参考例）

　　10月1日　プロバイダからの意見照会書が届きました。

　　　　　　　照会書では、「2週間以内に回答すること」を求められます。

　　10月10日　回答書を返送しました。

　　12月10日　発止者情報の開示を認める判決が言い渡されます。

　　12月25日　プロバイダから開示する旨の通知が届きます。

　このような手続きを経て、投稿者の情報は開示されます。つまり多くの場合、照会書が届いてから、2か月から3か月後には、問題となった書込を投稿したのは誰かが判明することになるわけです。

　以上の通りですので、あなたの下に意見照会書が届いてしまった場合、十中八九あなたが問題の書込の投稿者であることが判明してしまいます。

　そうしますと、数ヶ月の内に相手方から弁護士の作成した損害賠償を請求する内容証明郵便や裁判所からの訴状が届くことになります。

　そして多くの場合、相手方は、あなたに対して、100万円を超える請求をして来ます。

　その場合には、直ちに弁護士に相談して、対策を検討し、相手方との交渉や裁判に備えるべきでしょう。

> **参考法令**
>
> 　特定電気通信役務提供者の損害賠償責任の制限及び発信者情報の開示に関する法律（プロバイダ責任制限法）。

93

第12章

税　　　金

イントロダクション

　一般市民が自ら税務書類を作成する機会は少なく、税金といえば会社や税務署に計算してもらうものという認識の人がほとんどであると思います。

　ただ、離婚で財産を渡す、身内に贈与する、親の財産を相続するなどの行為の中には、自ら税務書類を作成しなければならない場合もあります。

　実際には税務書類の作成を税理士に任せるにしても、税理士に相談に行く必要があるかどうかの判断だけは自分でできるようにしましょう。

12-1 ■ 離婚で税金はかかるのか

Case 12-1

　この度、私は、妻と協議離婚します。妻には、慰謝料として100万円、財産分与として月極駐車場の敷地を渡すつもりです。また、子供達の養育費として月々10万円を支払うつもりです。これだけのものを渡すのですから、妻に税金がかかるのではないでしょうか。税金について教えてください。

Answer

　まず、奥さんがもらう慰謝料100万円には税金はかかりません。また、お子さん達への養育費についても税金はかかりません。

　ですが、月極駐車場の敷地については、税金がかかる可能性があります。これについては、奥さんに贈与税がかかるのではなくて、あなたに所得税がかかる可能性があります。月極駐車場がここ30年くらいの間に取得した土地ならば税金はまずかからないでしょうが、相続で受け継いできた由緒ある土地の場合には、あなたが税金を支払うことになるでしょう。

94

第 12 章　税金

■ 法律の基礎知識

　所得税法上、「損害賠償金で、心身に加えられた損害…に基因して取得するもの」（9条1項17号）、「扶養義務者相互間において扶養義務を履行するため給付される金品」（同項15号）は税金がかかりません。したがって、慰謝料や、養育費については、税金の心配をする必要はありません。

　また、今回のように財産分与として資産を渡す行為は、財産分与請求権の消滅という有償対価があるものと考えられていますから、資産を譲受ける妻の側に贈与税はかかりません。そして、財産分与による資産の移転が有償譲渡だということになると、夫が財産分与として資産を移転させる行為は、譲渡所得税の対象となる「資産の譲渡」にあたることになります（所得税法33条）。

　譲渡所得税額は、「譲渡所得金額」（譲渡収入金額−取得費−譲渡費用−特別控除額）に15％の税率を乗じた金額になります。さらに、住民税が5％かかりますから、税金総額は「譲渡所得金額」の20％となります（なお、不動産の取得から5年以内に譲渡した場合には税率が高くなります）。ここで取得費については、特例で、古い時期に取得した不動産は、収入金額の5％で概算してよいことになっています。

■ 所得税の確定申告書の提出・納付

　古い土地を譲渡する人は、ざっと見積もって、収入金額（財産分与では不動産の時価）の95％の評価額に20％の割合を乗じた金額を税金として支払う必要があります。譲渡所得税がかかる場合には自分で税額を計算して確定申告書を作成提出しなければなりません。ざっと見積もって税金がかかりそうだと思ったら、税理士に相談に行ってください。

参考事例

　医師が財産分与として妻に分譲住宅を譲渡したことを理由に、医師に譲渡所得課税を認めた事案があります（最高裁昭和50年5月27日第三小法廷判決）。

95

12-2 ■ 仕事と税金

Case 12-2

　私は、今年から独立開業した弁護士です。駆け出しですので、若手経営者や二代目と飲食をともにすることが多く、月に10万円ほど出費がでます。交際費の取扱について詳しく教えてください。

　また、専業主婦の妻に週に2日ほど出勤してもらって書類の整理や通帳記帳をやってもらっています。妻への給与（月20万円）を経費で落とせますか。なお、青色事業専従者の届出は出してあります。

　また、弟には私の事務所で常勤で働いてもらっていますが、弟の税金を軽くしてやる方法はありませんか。なお、弟は、自前の自動車を通勤や業務に使ったり、弁護士の資格取得のために予備校に通ったりしています。

Answer

　独立したての弁護士が若手経営者や二代目と飲食をともにするのは顧問先獲得の関連性が相当程度認められる行為です。飲食代10万円の金額は相当な範囲だといえますので、交際費として経費で落とせます。

　次に、奥さんの給与を経費で落とせるかどうかですが、奥さんがあなたの事業に専ら従事しているといえるかどうかによります。週に2日程度の勤務で、書類整理や通帳記帳などの補助的業務内容にとどまるというのであれば、税務署から、専らとまではいえないと評価されるリスクは残ります。

　また、弟さんの給与所得の計算上、弟さんの自動車は経費として落とせません。弁護士の資格取得のための予備校費は、金額によっては一部経費で落とせますが、節税の効果は微々たるものしかないでしょう。

■ 法律の基礎知識

　所得税法上、事業所得の金額は、「事業所得に係る総収入金額から必要経費を控除した金額」です（所得税法27条2項）。必要経費とは、売上原価及び「業務について生じた費用」（同法37条1項）です。交際費が業務の遂行上必要な支出といえれば経費として落とせます（法人では（金額上）制限が

第12章　税金

あります。）。ただし、プライベートな出費、すなわち家事費にあたるものは必要経費とはいえません。業務の遂行上必要な支出かどうかは、支出の内容・性質、業務との関連性の程度、金額の大小等の考慮要素に基づき、社会通念にしたがって判断されます（参考事例）。

　また、妻への給与に代表される、同一生計の親族への対価の支払については原則経費に計上できません（同法56条）が、青色申告事業者からの「専ら…事業に従事するもの」(同法57条1項)への支払であれば経費で落とせます。ここで、どういう場合であれば「専ら」といえるのかについては、事業の種類、親族の具体的な労務内容やその事務量等を総合的に勘案した上、社会通念に照らして判断することになります（参考事例）。

　給与所得の金額は、給与等の収入金額から給与所得控除額（概算）を控除した金額です（同法28条2項、3項）。実際の出費を控除できる特定支出控除という制度（同法57条の2）もありますが、この制度を使える人はほとんどいません。たとえば、給与年額400万円の人ですと、年間67万円を超える特定支出がでてはじめて意味を持ちますから、資格取得費でかりに超過額が出たとしても税金レベルになると微々たる効果しかありません。

■ **重要な事実を証拠化しておくこと**

　独立したての事業者で、経費を抑えるために顧問税理士を使わない人もたくさんいます。そのような人は、どのような事項で税務判断が必要となるのか、また、判断にあたってどのような事実が考慮されるのかについて、自分で見通しを立てて必要な事実を証拠化しておいてください。

参考事例

　弁護士会の業務に関する懇親会等の支出のうち一次会までの支出は弁護士の事業所得の計算上経費になるとされた事案があります（東京高裁平成24年9月19日判決）。

　土日に自宅で弁護士業を補助した専業主婦の給与420万円が青色事業専従者給与とは認められなかった事案があります（千葉地裁平成22年2月26日判決）。

97

12-3 ■ 相続税で気をつけること

■ Case 12-3

平成27年7月1日に、父が亡くなりました。父名義の財産は、自宅の敷地（固定資産税評価額1,500万円）と自宅建物（同300万円）、畑（同800万円）、預貯金2,000万円、株式約200万円くらいです。相続人は、母、私、妹の3人です。父の遺産に相続税はかかりますか。

Answer

あなたのお父さんの相続財産は、固定資産税評価額をベースにすると4,800万円になります。相続税の基礎控除額が4,800万円ですから、一見して相続税はかかりそうにありません。ただ、相続財産の評価額は、路線価や倍率を使って計算します。このとき、評価額は固定資産税評価額よりも高くなることが一般的ですから、精密な計算をしてみる必要があります。

また、遺産分割の仕方によっては、土地の評価額自体が変わったりします。一度、税理士に相談に行った方が良いでしょう。

■ 法律の基礎知識

相続による財産取得は、本来、相続所得という名前で、所得税法上の所得分類の一つとして位置づけられてもよさそうですが、立法の経緯もあって、所得税とは独立した、しかもきわめて複雑な仕組みになっています。

相続税の計算の手順ですが、①各人が相続することに決まった財産の評価額から、負担することに決まった債務及び葬式費用を引いて各人の課税価格を算出し、②各人の課税価格の合計額から基礎控除額を控除し、③残額を法定相続分で相続したものとみなして各人の仮税額を算出し、④各人の仮税額の合計額（これが税額上限と考えてください。）を財産の実際の相続割合で配分して最終的に各人の税額を出すという過程を経ます。

①財産の評価の中でも、とりわけ土地の評価はとても複雑です。評価にあたり、路線価や倍率など、国税庁が発表する数値を用いて計算しなければなりません。また、利用状況によって評価単位が変わりますし、土地の形状に

第12章　税金

あわせて様々な補正率が用意されています。専門家でも悩むほど複雑にできています。

　②基礎控除額は、平成27年1月1日以降の相続については、3,000万円＋法定相続人の数×600万円です。平成26年以前の基礎控除額に比べると、実に6割しか基礎控除できないことになり、課税ベースが大幅に拡大されました。

　さて、財産評価上最も重要な制度は、小規模宅地等の評価特例（租特法69条の4）という制度です。ご質問との関係に絞って説明すると、この制度によれば、亡くなった人の自宅の敷地を、配偶者や同居親族等が相続したときに、土地の330㎡までは80％の評価減を認めてもらえます。ただし、この制度は、申告書の提出が要件になっています。この制度を使うと財産の評価額が基礎控除額を超えなくなるからといって申告自体が不要になるわけではありません。ご自身で計算されるときはくれぐれもご注意ください。

　また、相続税法上、配偶者の税額軽減という制度があります（相続税法19条の2）。配偶者が相続する課税価格が1億6,000万円以下か、あるいは、法定相続分以下であれば、配偶者だけは最終的な（各人の）税額を免れるというものです。仮に配偶者がこれらの上限を超えて相続しても最終的な税額は割合的に軽減されます。とりあえず今回の相続のことだけを考えるならば、配偶者がすべて相続すれば、最終的な税額の減免が図れます。ただし、この特例は、申告期限（相続開始から10か月）までに遺産分割が終わっていないと適用が受けられませんので、ご注意ください。

■ 基礎控除額を超えないからといって安心しないこと

　相続税がかかるかどうかは、ひとまず手元にある固定資産税課税明細書か名寄帳を見ながら、固定資産税評価額で財産の評価をし、基礎控除額を超過するかどうかで判断されると良いでしょう。もし、基礎控除額を超えない場合でも、基礎控除額に近い評価がでるときや、小規模宅地等の評価特例を使ったうえでの評価のときは、念のため税理士に計算してもらう方が良いでしょう。

99

12-4 ■ 贈与税で気をつけること

Case 12-4

私は、現在、借家住まいですが、この度、親から資金援助を受けて、一戸建の自宅（省エネ等住宅）を新築する予定です。住宅会社の営業担当者から、住宅取得等資金贈与であれば贈与税がかからないと聞きましたが、詳しく教えてください。

また、私の母親が、相続税セミナーで聞いてきたらしいのですが、相続税対策で、私の子供達に対し、教育資金贈与をしたいと言っています。この制度についても、詳しく教えてください。

Answer

ご指摘の通り、平成27年中に行われる住宅取得等資金贈与では、1,500万円の範囲で非課税になります。これに加えて、暦年課税の非課税枠110万円を加えた1,610万円までは贈与税がかかりません。ただし、住宅取得等資金贈与では、期限内申告が絶対的な要件になっていますので、必ず申告期限内に贈与税の申告をしてください。万一これを怠ると、1,610万円の贈与につき410万円もの贈与税を支払うことになりますので、くれぐれもご注意ください。

教育資金贈与の非課税の制度は、親や祖父母が、子や孫の教育資金に充てるため資金を贈与し、信託銀行等の金融機関に贈与資金を預け、子や孫が実際に学費や塾代を支払った後に、領収書を証拠として金融機関に持参したときに預金を下ろすことができる仕組みです。非課税の範囲は、1,500万円です。

なお、いずれの特例も、相続税対策としてはとても有効です。また、贈与者が贈与の後まもなく亡くなり、相続開始前3年以内の贈与に含まれたとしても、贈与者の遺産にかかる相続税の計算上、例外的に、相続財産に加算しなくても良いとされています。とてもお得な制度といえます。

■ 法律の基礎知識

住宅取得等資金贈与の非課税の特例の要件は、細かいところを省くと、①

第 12 章　税金

親や祖父母が20歳以上の子や孫に対し、②平成27年中であれば1,500万円の範囲（省エネ等住宅以外は1,000万円）で資金を贈与し、③子や孫が翌年３月15日までに資金を住宅用家屋の取得・新築・増改築に使うこと、④子や孫が翌年３月15日までに居住を開始すること（少し遅れそうでも良い）、⑤子や孫が翌年３月15日までに、贈与税の期限内申告書を提出することです。この制度は、経済政策上の理由で設けられた制度ですので、次年以降の制度の存廃や非課税の範囲については必ず税理士に確認して下さい。

　教育資金贈与の非課税の特例の要件（租特法70条の２の２）は、細かいところを省くと、①親や祖父母が、30歳未満の子や孫と1,500万円の範囲内で書面で贈与契約をすること、②贈与資金を信託銀行等の金融機関に預け、子や孫の名義で口座をつくること、③金融機関を通じて教育資金非課税申告書を税務署に提出することです。また、④実際に子や孫が教育資金として学費等を支払った後に、子や孫が領収書を金融機関に持参してかかった資金を下ろしてもらい、⑤30歳までに使い切れなかった残金はその時点で贈与を受けたものとして贈与税を計算することになります。この教育資金贈与の非課税制度については、平成31年まで延長されることが決まっています。詳しい手続については、各金融機関でお尋ねください。

■ 優遇制度では申告が要件になっているかどうか確認しましょう

　住宅会社の営業担当者は、セールストークで住宅取得に有利な税制を紹介してくれますが、適用要件までは教えてくれないものです。特に、申告が適用要件になっているのか、適用要件になっているとして期限後申告でも許されるのかについては誰も教えてくれないのが実情です。特別の優遇制度を受けるときには、制度の適用要件について正確に確認するため、事前に税理士に相談に行くよう心がけましょう。

　また、ここでご紹介したいずれの特例についても相続税対策として有効ですが、いまわの際になって慌てて特例を使おうとしても相当な手続期間がかかりますから、できるだけ健康で動けるうちに手続を進めておくのが良いでしょう。

101

執筆者紹介

若山智重　　（わかやま　ともしげ）　　弁護士（1章）

早川雄一郎　（はやかわ　ゆういちろう）　弁護士（2章）

山本英季　　（やまもと　ひでとし）　　弁護士（3章）

長谷川知正　（はせがわ　ともまさ）　　弁護士（4章）

吉田光利　　（よしだ　みつとし）　　　弁護士（5章）

菊田直樹　　（きくた　なおき）　　　　弁護士（6章）

堀田泰成　　（ほった　やすなり）　　　弁護士（7章）

鈴木　亮　　（すずき　りょう）　　　　弁護士（8章）

生田晃生　　（いくた　あきお）　　　　弁護士（9章）

運天寛樹　　（うんてん　ひろき）　　　弁護士（10章）

加藤幸英　　（かとう　ゆきひで）　　　弁護士（11章）

三浦　潤　　（みうら　じゅん）　　　　弁護士（12章）

（執筆順）

身近な法律問題Q&A

2017年1月1日　初版　第1刷発行

編　者	愛知学院大学法学部同窓会
発行者	阿　部　成　一

〒162-0041　東京都新宿区早稲田鶴巻町514

発行所　株式会社　成文堂

電話 03(3203)9201(代)　Fax 03(3203)9206

http://www.seibundoh.co.jp

印刷・製本　藤原印刷

☆乱丁・落丁はおとりかえいたします☆

© 2017　愛知学院大学法学部同窓会

ISBN978-4-7923-9262-8 C1032

定価（本体1000円＋税）　　　検印省略